Tu fe

Una explicación completa y sencilla de la fe católica

Publicación Pastoral Redentorista

Liguori
ONE LIGUORI DRIVE
LIGUORI MO 63057-9999

Imprimi Potest:
Harry Grile, CSsR
Provincial de la Provincia de Denver
Los Redentoristas

Imprimátur: "Conforme al C. 827, el Reverendísimo Edward M. Rice, obispo auxiliar de St. Louis, concedió el Imprimátur para la publicación de este libro el 24 de septiembre. El Imprimátur es un permiso para la publicación que indica que la obra no contiene contradicciones con las enseñanzas de la Iglesia Católica, sin embargo no implica aprobación de las opiniones que se expresan en la obra. Con este permiso no se asume ninguna responsabilidad".

Publicado por Libros Liguori
Liguori, MO 63057-9999
Para hacer pedidos llame al 800-325-9521.
www.librosliguori.org

Copyright © 2013

Derechos reservados. Ninguna parte de esta publicación se puede reproducir, almacenar en ningún sistema ni transmitir por ningún medio—electrónico, mecánico, fotocopia, grabación ni ningún otro—sin el permiso previo por escrito de Libros Liguori.

Library of Congress Cataloging-in-Publication Data

Tu fe : una explicación completa y sencilla de la fe católica.
    pages cm
 1. Catholic Church—Doctrines. 2. Theology, Doctrinal—Popular works.
I. Liguori Publications.
BX1754.T8 2013
230'.2--dc23

2013036509

p ISBN 978-0-7648-2355-8
e ISBN 978-0-7648-6873-3

Las citas bíblicas son de La Biblia Latinoamericana: Edición Pastoral (Madrid: San Pablo, 2005). Usada con permiso.

Traducción al español del Catecismo de la Iglesia Católica: Modificaciones basadas en la Editio Typica, © 1977, United States Catholic Conference, Inc.—Libreria Editrice Vaticana. Usado con permiso.

Libros Liguori, una corporación sin fines de lucro, es un apostolado de los Padres y Hermanos Redentoristas. Para más información, visite Redemptorists.com.

Impreso en Estados Unidos de América
17 16 15 14 13 / 5 4 3 2 1
Primera edición

ÍNDICE

1. Dios, creador de todo 5
2. Una creatura llamada hombre 8
3. Jesús, el centro de nuestra fe. 11
4. Antecedentes de la vida de Jesús 13
5. Jesús manifestó a Dios a la humanidad 15
6. Una respuesta hecha fe 18
7. La verdadera identidad de Jesús 21
8. Jesús es nuestro redentor. Un mundo herido. 27
9. ¿Cómo nos redimió Jesús? 30
10. Se encarnó de María, la Virgen, y se hizo hombre 36
11. Jesús envió al Espíritu Santo. Todos formamos la Iglesia .. 40
12. La acción del Espíritu Santo: el Espíritu dador de vida 42
13. La Iglesia hace presente a Jesús 46
14. Creo en la Iglesia, que es una 48
15. Creo en la Iglesia, que es santa. 50
16. Creo en la Iglesia, que es católica. 53
17. Creo en la Iglesia, que es apostólica. 56
18. Los sacramentos. Ver y creer 60
19. El Bautismo. 63
20. La Confirmación. 69
21. La Sagrada Eucaristía 74
22. El Santo Sacrificio de la Misa. 77
23. El sacramento del Perdón 83
24. La celebración del sacramento de la Penitencia 86
25. La Unción de los Enfermos 89
26. El sacramento de las Órdenes Sagradas 92
27. El sacramento del Matrimonio cristiano. 96
28. Cristo volverá 102

1 Dios, creador de todo

*¿Cuál es nuestro origen? ¿Cuál es nuestro fin?
¿De dónde viene y a dónde va todo lo que existe?*

El cosmos

La cuestión del origen y el fin del universo y de la humanidad es inseparable y decisiva para dar sentido a nuestra existencia. Si no le damos una respuesta, la vida queda sin sentido. No se trata de saber científicamente cómo surgió el cosmos o cuándo apareció el hombre, sino de descubrir cuál es el sentido de tal origen: saber si el mundo está gobernado por el azar, por un destino ciego, por una necesidad anónima, o bien por un Ser trascendente, inteligente y bueno, llamado Dios[1].

«En el principio, cuando Dios creó los cielos y la tierra» (Gn 1:1). Las primeras palabras de la Biblia afirman que la creación es obra de Dios Uno y Trino (Padre, Hijo y Espíritu Santo). Aunque la creación sea atribuida principalmente a Dios Padre, del mismo modo que al Hijo se le atribuye la redención y al Espíritu Santo la santificación, en realidad, es obra común de la Santísima Trinidad: Dios (Padre) creó por su palabra (Hijo) en la cual estaba la vida (Espíritu Santo).

La creación es un don de Dios, por tanto, no surge de una necesidad; cuando Dios crea, lo hace libremente, para comunicar un don y no para adquirir o aumentar su propia felicidad ya que las creaturas no pueden darle nada, Él no necesita nada.

Creemos que Dios creó el mundo según su sabiduría (cf. Sab 9:9) y por amor, no es producto del azar (destino ciego). Dios creó libremente «de la nada» (para crear no necesita nada preexistente ni ninguna ayuda), hizo un mundo ordenado y bueno en el que está

---

[1] Cf. *Catecismo de la Iglesia Católica*, Ed. Lumen, Buenos Aires-México, 1992 (de ahora en adelante CCE por sus siglas en latín) 284.

presente y, a la vez, lo trasciende de modo infinito. Dios mismo lo conserva en el ser y lo sostiene para que llegue a su fin. La creación es un don de Dios al hombre. La Iglesia reconoce y defiende la bondad de la creación y del mundo material.

El relato del libro del Génesis sobre la creación (capítulos 1-3) no constituye un modelo explicativo que se deba tomar al pie de la letra, sino una afirmación teológica sobre la relación del mundo con Dios: «*ser creados* es una realidad permanente *en* las cosas y una verdad elemental *acerca de ellas*»[2], pues son «creaturas». Esto nos incluye también a los seres humanos.

Consideremos esta pregunta del Catecismo joven de la Iglesia Católica[3]: «*¿Se puede estar convencido de la evolución y creer en el Creador? Sí. La fe está abierta a los descubrimientos e hipótesis de las ciencias naturales*». La Teología y las ciencias naturales tienen cada una su propia competencia. Un creyente puede aceptar la teoría de la evolución como una explicación útil, por lo demás fundamentada en realidades, sin necesidad de ver el origen del hombre solamente como un producto casual de procesos químico-biológicos ni tomar los datos bíblicos (por ejemplo la edad de la tierra, la creación en seis días) ingenuamente al pie de la letra. La Biblia describe la creación como un trabajo de seis días tomando el ejemplo de la semana laboral, coronada por un día de descanso, también en ello se refleja la belleza y la armonía de la creación. Los cristianos ya no guardamos el «séptimo día» (día en que concluye la creación) sino que celebramos el «Día del Señor» (Domingo), día de su resurrección, en que la obra de la creación culmina con la obra de la redención. «La primera creación encuentra su sentido y su cumbre en la nueva creación en Cristo (redención), cuyo esplendor sobrepasa el de la primera»[4].

---

[2] *YOUCAT ESPAÑOL*, *Catecismo joven de la Iglesia Católica*, Ed. Encuentro 2012 (de ahora en adelante YOUCAT) 41.
[3] *YOUCAT* 42.
[4] CCE 349.

«Cielo y tierra»

Con las palabras del Credo, «creador del cielo y de la tierra, de todo lo visible y lo invisible» se indica que Dios es el único creador de todo. No existió otra fuerza creadora. En el caso del universo material, aunque Dios fuera solo el autor directo de la primera partícula de la cual surgió el universo con sus leyes físicas, seguiría siendo el autor del universo igual que el arquitecto o el ingeniero es considerado autor de sus obras.

Los binomios cielo-tierra, visible-invisible incluyen el conjunto de la creación, es decir, los seres espirituales (ángeles) y materiales (cosmos visible) y, en particular el hombre quien participa de una naturaleza dotada de cuerpo y espíritu. Ante la actual cultura abortista es urgente y necesario afirmar que Dios es el creador, de cada hombre, en el momento de su concepción, infundiendo el alma individual, espiritual e inmortal.

La existencia de los ángeles está testimoniada de modo explícito en la Sagrada Escritura. Se trata de creaturas espirituales, inmortales e incorpóreas; son creaturas personales dotadas de inteligencia y voluntad, viven constantemente en la presencia de Dios (cielo) y trasmiten a los hombres la voluntad y la protección divina. A los ángeles, especialmente al ángel «custodio» o «de la guarda», se les puede pedir ayuda y solicitar su intercesión ante Dios. Nuestra fe católica no tiene nada que ver con los falsos ángeles del esoterismo ni con los falsos espíritus de la superstición. Los ángeles que se separaron de Dios son llamados diablos o demonios.

Para recordar

«Creemos en un solo Dios, Padre, Hijo y Espíritu Santo, Creador de las cosas visibles –como es este mundo– y de las cosas invisibles –como son los espíritus puros, que llamamos también ángeles–, y Creador, en cada hombre, del alma espiritual e inmortal» (Pablo VI, Solemne profesión de fe 19).

2 Una creatura llamada hombre

¿Qué lugar ocupa el ser humano en la creación?
¿Estaba en el plan de Dios que el ser humano sufriera y muriera?

Dios creador del hombre

La narración bíblica de la creación (Gn 1-2) nos muestra que el hombre ocupa un lugar único: ha sido «hecho a imagen de Dios»; su naturaleza une el mundo material y espiritual; es «hombre y mujer» y Dios estableció con él una amistad personal. El ser humano ocupa un lugar privilegiado en la creación.

«El hombre ha sido creado a imagen de Dios, en el sentido de que es capaz de conocer y amar libremente a su propio Creador. Es la única criatura sobre la tierra a la que Dios ama por sí misma, y a la que llama a compartir su vida divina, en el conocimiento y en el amor. El hombre, en cuanto creado a imagen de Dios, tiene la dignidad de persona: no es solamente «algo», sino «alguien» capaz de conocerse, de darse libremente y de entrar en comunión con Dios y las otras personas»[5]. Dios creó al hombre para que le conociera en la intimidad de su propia conciencia y permaneciera en comunión con Él durante toda la eternidad. Dado que por el pecado dificultó la posibilidad de conocer a Dios tal cual es, se hizo necesaria la auto-manifestación (revelación) de Dios para conocerlo sin posibilidad de error.

«La persona humana, creada a imagen de Dios, es a la vez corporal y espiritual. El relato bíblico expresa esta realidad con un lenguaje simbólico cuando afirma que "Entonces Yavé Dios formó al hombre con polvo de la tierra; luego sopló en su nariz un aliento de vida, y el hombre tuvo aliento y vida" (Gn 2: 7)»[6]. El hombre

---

[5] *Catecismo de la Iglesia Católica, Compendio*, Ed. Conferencia del Episcopado Mexicano, 2005, 66 p. 35. (de ahora en adelante *Compendio*)
[6] CCE 362

se compone de alma espiritual y cuerpo material. Aunque no es posible «comprobar» científicamente la existencia del alma como principio espiritual, tampoco se puede comprender al hombre sin aceptar su existencia, va más allá de la materia. Un conglomerado de átomos y moléculas por sí mismo no puede formar células, órganos y sistemas, y mucho menos generar inteligencia y voluntad. El alma es creada directamente por Dios (no es «producida» por los padres), es inmortal, es decir, no perece cuando se separa del cuerpo por la muerte y se unirá de nuevo al cuerpo en la resurrección final[7].

«Varón y mujer los creó» (Gn 1:27). El hombre y la mujer fueron creados con igual dignidad en cuanto personas y son complementarios en cuanto varón y mujer. Existen el uno para el otro en una comunión de personas. Juntos trasmiten la vida en el matrimonio. Dominan la tierra, no como dueños absolutos, sino responsablemente, como administradores de Dios[8].

¿Cuál era la condición original de nuestros primeros padres? Dios los dotó de una especial participación de la vida divina, en un estado de santidad y justicia manifestada en la armonía perfecta consigo mismo, con el Creador, entre hombre y mujer, así como entre la primera pareja humana y toda la creación. No experimentaban el sufrimiento, la enfermedad y la muerte[9]. Es lo que llamamos «Paraíso terrenal».

El pecado

No se puede comprender al hombre sin entender la realidad del pecado como un elemento presente en su historia. Dios no quiso el pecado: fue fruto del misterio de la libertad que dio al hombre y de un misterio de iniquidad que se cierne sobre su destino; «el pecado es un abuso de la libertad que Dios da a las personas creadas para que puedan amarlo y amarse mutuamente»[10].

---

[7] Cf. CCE 366
[8] Cf. *Compendio* 71.
[9] Cf. CCE 72
[10] CCE 387

El relato bíblico de la «caída de Adán y Eva» (Gn 3) nos muestra, mediante un lenguaje lleno de imágenes, un acontecimiento primordial sucedido al inicio de la historia de la humanidad: el pecado cometido por nuestros primeros padres[11].

El pecado es algo «personal» y el primer pecado –pecado de origen, pecado original– fue para sus autores una falta personal. La pregunta es: ¿Y nosotros qué tenemos que ver con este pecado? «La Iglesia ha enseñado siempre que la inmensa miseria que oprime a los hombres y su inclinación al mal y a la muerte no son comprensibles sin su conexión con el pecado de Adán y con el hecho de que nos ha transmitido un pecado con el que todos nacemos afectados y que es "la muerte del alma"»[12].

En nosotros, el pecado original no tiene carácter de falta personal. Consiste en la privación de la santidad y justicia originales, «el estado caído de la humanidad en el que nace cada individuo antes de pecar por decisión propia»[13]. Por el pecado original, la naturaleza humana quedó «herida en sus propias fuerzas naturales, sometida a la ignorancia, al sufrimiento y al imperio de la muerte e inclinada al pecado»[14].

La Biblia, Palabra de Dios, nos ha traído una «Buena Nueva» que no es la existencia del pecado sino la promesa de redención cumplida por Jesucristo.

> **Para recordar**
>
> Dios creó al hombre y a la mujer a su imagen y semejanza, los dos con igual dignidad y derechos; ambos fueron dotados de una especial participación en la vida divina, la cual se perdió con el pecado.

---

[11] Cf. CCE 390
[12] CCE 403
[13] YOUCAT 68
[14] CCE 405

3 Jesús, el centro de nuestra fe

¿Quién es Jesús? ¿Cuáles son sus enseñanzas?
¿Cómo podemos llegar a conocerlo?
¿Qué mensaje nos comunica?

El cristiano

¿Quién es Jesús? Él mismo hizo esta pregunta a sus discípulos. Nosotros, después de más de veinte siglos, nos la continuamos haciendo.

Para unos, Jesucristo es una figura histórica relevante, un maestro famoso que nos dejó una elevada enseñanza ético-moral. Alguien como Dom Helder Cámara (nacido en 1909), líder católico brasileño, reconocido por su labor en pro de la paz y de los pobres, o como César Chávez (nacido en 1928), fundador y presidente de la Unión de Campesinos de América, líder chicano que defendió la mejora de las condiciones de vida y de trabajo de los campesinos.

Otros dicen que Jesús fue alguien que dedicó toda su vida al prójimo. Como Santa Rosa de Lima (nacida en 1568), santa patrona de las Américas, que vivió volcada en ayudar a los más necesitados.

Sería imposible enumerar cómo ven a Jesús todas las personas. Quienes admiran a Jesús solo como figura histórica, como rabino judío o como revolucionario, no son cristianos; son personas que admiran a una gran figura de la historia.

El cristiano cree que Jesucristo es una persona de suma importancia en su vida. Como seguidor de Cristo, cree que Jesús resucitó de entre los muertos y vive todavía.

EL NO CREYENTE	EL CREYENTE
El admirador de Cristo dice:	El cristiano dice:
«Jesús FUE ...»	«Jesús ES ...»

¿Entonces, quién es Jesús?

Las palabras de san Pedro a esa pregunta de Jesús sirven de respuesta para el cristiano de hoy: «Tú eres el Mesías, el Hijo del Dios vivo.» (Mt 16:16).

> ### Para recordar
>
> Nos recuerda el Catecismo de la Iglesia Católica (número 423) que «nosotros creemos y confesamos que Jesús de Nazaret, nacido judío de una hija de Israel, en Belén, en tiempo del rey Herodes el Grande y del emperador César Augusto, de oficio carpintero, muerto y crucificado en Jerusalén, bajo el procurador Poncio Pilato, durante el reinado del emperador Tiberio, es el Hijo eterno de Dios hecho hombre, que "ha salido de Dios" (Jn 13:3), "bajó del cielo" (Jn 3:13; 6:33), "ha venido en carne" (1 Jn 4:2), porque "la Palabra se hizo carne y puso su morada entre nosotros, y hemos visto su gloria, gloria que recibe del Padre como Hijo único, lleno de gracias y verdad... Pues de su plenitud hemos recibido todos, y gracia por gracia" (Jn 1:14.16)» (CCE 423).

4 Antecedentes de la vida de Jesús

¿Qué quería decir Pedro?
¿Qué pasaba por su mente cuando llamó a Jesús « el Cristo»?

La pregunta

Pedro, el pescador, miró a Jesús a los ojos y le dijo: «Tú eres el Cristo».

Para entender el sentido completo de estas palabras, necesitamos conocer la mentalidad judía de la época; así podemos comprender qué explosiva y peligrosa era la declaración de Pedro.

Jesús se crió en un pueblo llamado Nazaret en el norte de la provincia de Galilea. Para la gente de Nazaret, el Mesías (Cristo en la traducción griega) constituía la esperanza de Israel para restaurar la dinastía iniciada por David y recuperar la hegemonía sobre el poder romano, al que llevaban décadas sometidos, y convertiría al pueblo elegido en la mayor potencia del mundo.

Se preguntaban cuándo vendría el Mesías, cómo sería su llegada. En la época de Jesús especialmente en Galilea, existía gran desacuerdo sobre las respuestas a estas dos preguntas. Unos creían que la llegada del Mesías era inminente, y otros que vendrían dos Mesías: uno como Sumo Sacerdote y otro como Rey.

Todos creían que debían prepararse para la llegada del Cristo, pero tampoco estaban de acuerdo en cómo debían hacerlo.

Aunque existía desacuerdo sobre la figura del Mesías, se le esperaba con expectación. Pedro y los otros Apóstoles habían crecido en este ambiente de expectación. Como los demás israelitas de su época, esperaban ansiosos su llegada, tanto más que parecía que ya había cesado la época de los profetas.

No es difícil darse cuenta de que las palabras de Pedro representaban siglos de esperanza. Simón Pedro expresó que las esperanzas de Israel, expresadas en los escritos de los profetas, se habían realizado según la mentalidad de la época y del momento.

Solo a la luz de la resurrección del Señor, y gracias a la venida del Espíritu Santo los Apóstoles comprendieron plenamente el sentido de la misión mesiánica de Jesús: ser redentor del hombre en un sentido global. Cuando Pedro pronunció esas palabras, no hablaba por el pueblo. Hablaba solo por él y por los demás discípulos. Una parte importante de la nación judía rechazaría a Jesús. No encajaba en los patrones que se tenían de cómo debía ser el Cristo. Pero Pedro no estaba preocupado por estas ideas; Él había hecho un descubrimiento *personal*. Su fe estaba en la persona de Jesús. «Tú eres el Cristo".

Esta experiencia constituye también *tu fe*. Para el cristiano descubrir a Jesús es algo personal. Nuestra fe no consiste en saber *acerca* de Jesús, sino en *conocer* a Jesús. Nuestra fe no son teorías o ideas, ni un sistema o un credo. Nuestra fe se basa en una *Persona*.

Jesús es esa persona. Y Él nos pregunta: ¿Quien dices *tú* que soy yo?

Para recordar

Esta es nuestra fe: «La fe cristiana es ante todo el anuncio de Jesucristo para llevar la fe en Él. Desde el principio, los primeros discípulos ardieron en deseos de anunciar a Cristo: "No podemos nosotros dejar de hablar de lo que hemos visto y oído" (Hch 4:20)» (CCE 425).

En el centro de nuestra fe «encontramos esencialmente una persona, la de Jesús de Nazaret, Unigénito del Padre, que ha sufrido y ha muerto por nosotros y que ahora, resucitado, vive para siempre con nosotros» (Juan Pablo II, Catechesi Tradendae 5). La fe nos lleva a descubrir en la persona de Cristo el designio eterno de Dios para conducirnos a la comunión con Jesucristo pues solo Él puede conducirnos al amor del Padre en el Espíritu y hacernos partícipes de la vida de la Santísima Trinidad (Cf. Íbid).

5 Jesús manifestó a Dios a la humanidad

¿Podemos conocer la existencia de Dios?
¿Podemos conocerlo como Él es? ¿Cómo podemos conocerlo?

Dios sale al encuentro del hombre

Dios se manifestó a sí mismo por medio de acontecimientos y palabras a lo largo de varias etapas:

- Al principio se manifestó a Adán y Eva invitándolos a la comunión con Él. Después del pecado, Dios prometió la redención a ellos y a su descendencia.
- Mediante su relación con Noé, Dios establece una alianza con todos los vivientes.
- Mediante su relación con Abrahán, Dios elige a un pueblo a quien hace depositario de su promesa de redención.
- Mediante su relación con el pueblo de Israel, Dios establece una alianza por medio de Moisés y pide ser reconocido como el único Dios vivo y verdadero, Padre providente y juez justo. Prometió que vendría como Redentor del mundo.
- En la plenitud de los tiempos –época histórica que estamos viviendo– Dios se manifiesta plenamente a la humanidad a través de su Hijo, Jesucristo.

Conocimiento de Dios

Los judíos poseían un profundo conocimiento de Dios. Por ejemplo, Jesús enseñó que, cuando reces, «entra en tu pieza, cierra la puerta y ora a tu Padre que está allí, a solas contigo. Y tu Padre, que ve en lo secreto, te premiará» (Mt 6:6). Un dicho judío tiene un mensaje similar: «Al que reza dentro de su casa le rodea una pared más fuerte que el hierro». Es importante darse cuenta de que en sus enseñanzas, Jesús y los judíos tenían mucho en común.

La división entre cristianos y judíos se desarrolló gradualmente, al hacerse más claras las exigencias de Jesús. No solo exponía unas leyes para entrar en el Reino de Dios, sino que proclamaba que su presencia era el Reino de Dios entre las personas. Jesús vino de su Padre celestial, su venida crea, literalmente, un cielo en la tierra, porque donde está Cristo, ahí está el cielo.

La condición para participar de este «cielo en la tierra» es creer en el Hijo; creer en el enviado del Padre. En sus mismas palabras, significa cambiar y volver a ser como niños (cf. Mt 18:3). Cristo es el «camino» al Padre porque su vida nos enseña cómo convertirnos en hijos. Este «camino» no es solo cuestión de reglas; es una vida de amor. Pero claro, a mayor intimidad entre Dios Padre y nosotros, sus hijos, mayores son sus exigencias.

Dios y nosotros

Si la doctrina de la Santísima Trinidad fuera olvidada o ignorada completamente por la comunidad cristiana, ¿cómo se vería afectada tu fe? Muchos tendríamos que admitir, si somos sinceros, que nos afectaría muy poco. Pensamos en la doctrina de la Santísima Trinidad como algo que conocemos, pero significa poco o nada para nosotros. Es una de esas verdades que nadie entiende ni nadie puede explicar. Y aún peor, la doctrina se convierte en un problema matemático: ¿cómo uno puede ser igual a tres?

Como hemos visto, Jesús, cuando habla de sí mismo, también nos revela al Padre y al Espíritu Santo. Si Jesús nos lo enseñó, podemos estar seguros de que no nos estaba dando una información interesante para satisfacer nuestra curiosidad, ni tampoco quería ponernos a prueba.

Nos estaba enseñando una verdad sobre la vida íntima de Dios, una verdad que no hubiéramos podido conocer si no nos la hubiera revelado.

¿Para qué nos la manifestó? Para establecer en nosotros la vida divina mediante la relación con cada una de las personas de la Santísima Trinidad.

La doctrina de la Santísima Trinidad no es solo una verdad intelectual a la cual debemos asentir ni algo teórico a lo que debemos prestar atención. Es la verdad más importante de nuestra fe.

Por un lado, la doctrina nos enseña lo grande que es el amor de Dios por nosotros; nos muestra como Dios se nos da completamente al compartirnos su propia vida. Por otro, nos enseña el verdadero significado de nuestra vida.

En cierto modo, nuestra existencia es como un viaje: un viaje al Padre. Él es la meta y el destino hacia el cual viajamos. Y llegar a la meta debe ser nuestro fin. Jesús, nuestro hermano, viaja con nosotros. Él ya ha recorrido este camino y nos lo ha preparado. Mientras viajamos, nos acercamos al Espíritu Santo, que es quien nos guía.

Ya hemos entrado en la vida de la Santísima Trinidad. Ya tenemos una relación con cada una de las tres personas. Y esta relación permea completamente nuestra vida.

Dijimos antes que Jesucristo vino a poner en nosotros la vida de Dios. Para poder hacer esto, nos habló de su Padre y del Espíritu Santo, nos manifestó a Dios. Pero para que podamos compartir la vida divina, Él tuvo que sufrir, morir y resucitar de entre los muertos. Podemos afirmar que Jesús fue *revelador* y *redentor*.

Para recordar

«Mediante la razón natural, el hombre puede conocer a Dios con certeza a partir de sus obras, pero existe otro orden de conocimiento que el hombre no puede de ningún modo alcanzar por sus propias fuerzas, el de la Revelación divina (cf. Concilio Vaticano I: DS 3015). Por una decisión enteramente libre, Dios se revela y se da al hombre. Lo hace revelando su misterio, su designio benevolente que establece desde la eternidad en Cristo a favor de todos los hombres. Revela plenamente su designio enviando a su hijo amado, Nuestro Señor Jesucristo, y al Espíritu Santo» (CCE 50).

6 Una respuesta hecha fe

El hombre responde a Dios con la palabra «creo».

¿Qué es la fe?

«La fe es la respuesta del hombre a Dios que se revela y se entrega a él, dando al mismo tiempo una luz sobreabundante al hombre que busca el sentido último de su vida»[15]. Responder a Dios significa creer en Él y comprometerse.

« La fe es saber y confiar. Tiene siete rasgos:

- La fe es un *puro don* de Dios, que recibimos, si lo pedimos ardientemente.
- La fe es la fuerza sobrenatural que nos es *necesaria* para obtener la salvación.
- La fe exige la *voluntad libre* y el *entendimiento lúcido* del hombre cuando acepta la invitación divina.
- La fe es *absolutamente cierta*, porque tiene la garantía de Jesús.
- La fe es incompleta mientras no sea efectiva en el amor.
- La fe *aumenta* si escuchamos con más atención la voz de Dios y mediante la oración estamos en un intercambio vivo con él.
- La fe nos permite ya ahora *gustar por adelantado la alegría del cielo*»[16].

---

[15] CCE 26

[16] YOUCAT 21

¿Es posible creer?

Creer es un acto auténticamente humano, pues depositar su confianza en Dios y adherirse a las verdades por Él reveladas no es contrario ni a la libertad ni a la inteligencia del hombre. Además, la libertad y la inteligencia del hombre encuentran suficientes motivos para creer, porque la fe no es un movimiento ciego del espíritu.

El acto humano de la fe encierra tres momentos.

- Creer en Dios (especialmente en su existencia.
- Creer a Dios (confiar en su persona).
- Creer lo que Dios ha dicho (su mensaje).

En la práctica, ¿qué significa para mí creer en Dios?

«Creer en Dios significa adherirse a Dios mismo, confiando plenamente en Él y dando pleno asentimiento a todas las verdades por Él reveladas, porque Dios es la Verdad. Significa creer en un solo Dios en tres personas: Padre, Hijo y Espíritu Santo»[17].

Todavía nos queda otra pregunta: ¿Mi fe en Dios tiene que ver con la Iglesia o soy de aquellos que dicen creer pero no van a Misa? «Nadie puede creer por sí solo, como nadie puede vivir por sí solo. Recibimos la fe de la Iglesia y la vivimos en comunión con quienes comparten nuestra fe.

«La fe es lo más personal de un hombre, pero no es un asunto privado. Quien quiera creer tiene que poder decir tanto "yo" como "nosotros", porque una fe que no se puede compartir ni comunicar sería irracional. Cada creyente da su asentimiento libre al "creemos" de la Iglesia. De ella ha recibido la fe. Ella es quien la ha transmitido a través de los siglos, la ha protegido de falsificaciones y la ha hecho brillar de nuevo. La fe es por ello tomar parte en una convicción común. La fe de los otros me sostiene, así como el fuego de mi fe enciende y conforta a otros. La Iglesia destaca el "yo" y el "nosotros" de la fe empleando dos confesiones de la fe en sus celebraciones: el credo apostólico que comienza con "Creo"

---

[17] *Compendio* 27

y el credo de Nicea-Constantinopla, que en su forma original comenzaba con "creemos"»[18].

> ### Para recordar
>
> *¿Por qué muchos hombres niegan a Dios? Conocer a Dios es un gran reto y muchos se acobardan ante él. Otros no desean reconocer a Dios para no cambiar su vida. La fe es la única respuesta que el hombre puede dar al Dios que se manifiesta.*

---

[18] *YOUCAT* 24

7 La verdadera identidad de Jesús

Nombre, dirección, lugar y fecha de nacimiento, marcas personales...
Estos son los detalles que solemos usar para conocer la identidad
de una persona.

Jesús no es una persona corriente

Las investigaciones históricas han establecido aproximadamente la fecha y el lugar del nacimiento de Jesús. Pero esto no nos dice lo que necesitamos saber acerca de su persona. No explica su influencia en la historia de la humanidad. No explica por qué más de dos mil millones de personas viven en países que pertenecen a la tradición cristiana. No explica por qué se han escrito más de 65,000 libros sobre Él durante el siglo pasado.

Casi veinte siglos después de su muerte Jesús continúa influyendo en las vidas de millones de personas. En la historia de la humanidad destaca como una persona única. ¿Por qué nunca ha habido otro hombre como Él? Es imposible encontrar las palabras adecuadas para describirlo.

Solo Jesús puede manifestarse a sí mismo. Solo Él puede decir quién es. Solo Él puede manifestar el significado de su vida, la razón por la que influye en la vida del mundo de manera tan poderosa. Si queremos entenderlo, ddebemos dejar que Él hable.

Jesús dijo...

Yo soy el pan de vida. Yo soy la resurrección. Yo soy la luz del mundo. Yo soy rey. Yo soy el buen pastor. Yo soy la verdadera vid. Estas son algunas de las declaraciones que Jesús hizo sobre sí mismo. Incluso declaró a sus discípulos: Yo soy el camino, la verdad y la vida.

Al examinar esta declaración aprendemos mucho acerca del Dios-Hombre, Jesús de Nazaret.

Jesús es el camino

Durante su vida, Jesús se mostró con su origen humano: ¿De Nazaret puede venir algo bueno? Es el hijo de José, no hay duda. Conocemos a sus padres.

Estos comentarios se repiten a lo largo del Evangelio. Estas dudas y comentarios, y los meneos de cabeza le dolieron más a Jesús que los clavos de la cruz. Provocaron un reclamo ya que Él «había bajado del cielo».

«¿De dónde eres?», es una pregunta más común que hacemos cuando conocemos a alguien. Esta era la pregunta que preocupaba a todo el que conocía a Jesús. Incluso sus padres se sorprendían con Él. "El les contestó: «¿Y por qué me buscaban? ¿No saben que yo debo estar donde mi Padre?» (Lc 2:49).

Al final de su vida, Pilato preguntó a Jesús «¿De dónde vienes?». Jesús había tratado de contestar a esta pregunta durante sus años de predicación. Pero si no le creyeron cuando hacía milagros y signos, había pocas esperanzas de que Pilato le creyera mientras lo juzgaba como delincuente. Así que «Jesús no contestó».

Previamente, Jesús dijo a quienes lo seguían con fe: «Salí del Padre y vine al mundo; ahora dejo el mundo y vuelvo al Padre» (Jn 16:28).

Jesús es la verdad

Supongamos que un habitante de otro planeta llega en una nave espacial y encuentra un modo de comunicarse con nosotros. Imaginemos la curiosidad que despertaría. Todos querríamos preguntarle algo: ¿cómo es la vida en tu planeta? ¿hay ciudades? ¿qué comen?

Si el extraterrestre fuera amistoso, contestaría las preguntas y nos daría información que, de otra manera, nunca hubiéramos podido obtener.

¿Pensamos así de Jesús, alguien que ha venido del cielo para hablarnos de Dios y de lo que Dios desea? ¿A qué nos referimos cuando decimos que Jesús nos manifiesta a Dios? ¿Queremos decir que, como Jesús viene de Dios, nos puede dar información que de otro modo no podríamos obtener?

Jesús dice: «Yo *soy* la verdad». No dice: «Yo *digo* la verdad» o «Yo *revelo* la verdad». Sí, Jesús vino a proclamar la Buena Nueva y lo anunció a «las ovejas perdidas de Israel». Pero Jesús no solo pedía que creyeran sus palabras, sino también que creyeran en Él, Se trata de algo completamente nuevo. Los profetas proclamaron mensajes de parte de Dios, pero ninguno exigió que creyeran en su persona, solo en el mensaje.

Enviado por el Padre

Jesús no vino solo a hablar de Dios, como un mensajero que trae información. En Jesús, la presencia de Dios se convierte en realidad para todos: es el Hijo de Dios enviado al mundo por su Padre; la imagen viva de Dios Padre. Ese hecho sorprendente se revela en todo lo que Jesús dijo e hizo. Jesús nos muestra en términos humanos cómo es Dios. Es como si el Padre nos señalara a Jesús y nos dijera: «Miren, así soy yo». En otras palabras, no podemos separar la persona de Jesús y sus enseñanzas. Cada acción suya, cada gesto, está lleno de significado tocante a lo divino.

Los milagros de Jesús

En el Evangelio vemos a Jesús curando enfermos, leprosos, ciegos, paralíticos, sordos, e incluso resucitando a muertos. Sería un gran error no dar importancia al significado de estos milagros.

Jesús no realizó milagros para dar autoridad a sus enseñanzas ni para convencer ni para impresionar ni para satisfacer curiosidad o deseos mágicos. Jesús los hizo con mucha discreción y ante muy pocas personas. Muchas veces prohibía que hablaran de ellos. Esto muestra que los milagros tenían un propósito más profundo.

En el Evangelio de san Juan, los milagros son llamados *signos*. ¿Signos de qué? Jesús mismo contesta esta pregunta. «Pero yo tengo un testimonio que vale más que el de Juan: son las obras que el Padre me encomendó realizar. Estas obras que yo hago hablan por mí y muestran que el Padre me ha enviado » (Jn 5:36).

Los milagros de Jesús son signos:

- De que en Él está presente el Reino de Dios (cf. Hch 2:22).
- De que Él es el Mesías anunciado (cf. Jn 10:31-38).
- De la llegada del Reino de Dios entre nosotros (cf. Mt 12:28).

En sí mismos, los milagros de Jesús pueden ser interpretados como «ocasión de escándalo» (Mt 11:6), de rechazo (Jn 11:47-48), motivo de acusación de obrar movido por los demonios (Mc 3:22)[19].

En definitiva, los milagros son signos del amor de Dios por nosotros; de que Jesús, aunque nos liberó de males físicos, no vino a abolir los males terrenos, sino «a liberar al hombre de la esclavitud del pecado, que es el obstáculo para su vocación de hijos de Dios y causa de todas las servidumbres humanas»[20]. Piensen que el Reino de Dios no es cuestión de comida o bebida, sino de justicia, de paz y alegría en el Espíritu Santo. Quien de esta forma sirve a Cristo, agrada a Dios y también es apreciado por los hombres. Busquemos, pues, lo que contribuye a la paz y nos hace crecer juntos.

El Reino de Dios ya ha comenzado

El Reino de Dios que Jesús menciona una y otra vez significa vida, y se obtiene a través de la unión personal con Él. El Reino de Dios, como dice san Pablo en su carta a los Romanos, es «justicia, paz y alegría en el Espíritu Santo. Quien de esta forma sirve a Cristo, agrada a Dios y también es apreciado por los hombres. Busquemos, pues, lo que contribuye a la paz y nos hace crecer juntos» (Rom 14:17-19).

Dios Padre nos dio a su Hijo para que nos enseñara el camino hacia nuestro hogar celestial. Cuando aceptamos a Cristo y nos unimos a Él, cuando lo imitamos, buscamos la justicia, la paz, el amor fraternal y hacemos que el Reino de Dios sea una realidad visible entre los hombres.

---

[19] Cf. CCE 547-548
[20] CCE 549

La venida del Reino de Dios es la derrota del reino de Satanás:
- Cristo nos liberó de los demonios.
- Anticipó la victoria sobre «el príncipe de este mundo».

Este Reino será establecido definitivamente por la cruz de Cristo[21].

Jesús es la vida

Todos queremos vivir plenamente, y no debemos olvidar que el mayor tesoro que tenemos, la vida, es frágil. El salmista dice: «Comprada su vida nadie tiene | ni a Dios puede, con plata, sobornarlo, | pues, es muy caro el precio de la vida» (Sal 49: 8-9).

La muerte es inevitable. El reconocimiento de la impotencia ante la muerte aumentó el deseo de un salvador en Israel, pues anhelaban la vida eterna.

Jesús dijo: «he venido para que tengan vida y la tengan en plenitud» (Jn 10:10); «Yo soy la resurrección (y la vida). El que cree en mí, aunque muera, vivirá. El que vive, el que cree en mí, no morirá para siempre" (Jn 11:25-26).

La palabra que la Iglesia rusa ortodoxa emplea para «santo» significa «muy, muy parecido» y es una descripción perfecta de lo que Jesús expresó cuando hablaba de la «vida eterna». Si queremos obtener la vida eterna debemos ser «muy, muy parecidos» a Jesús. Y solamente lo podemos hacer si recibimos el don del Espíritu Santo, Señor y dador de vida.

La vida de Jesús estuvo llena de la presencia del Espíritu. Su concepción virginal fue obra del Espíritu Santo; durante su bautismo, el Espíritu Santo descendió sobre Él; El Espíritu lo llevó al desierto, predicó con el poder del Espíritu Santo.

Para llegar a ser «muy semejantes» a Jesús, también debemos dejar que el Espíritu Santo nos guíe. Antes de abandonar el mundo, prometió enviar el Espíritu Santo a sus discípulos. Y cuando lo recibieron fueron transformados. El Espíritu Santo los acercó más a Jesucristo, haciéndolos más parecidos a Él. Se llenaron de una nueva vida, la vida de Jesús mismo.

---

[21] Cf. CCE 50

Para recordar

«Toda la vida de Cristo es Revelación del Padre: sus palabras y sus obras, sus silencios y sus sufrimientos, su manera de ser y hablar. Jesús puede decir: "Quien me ve a mí, ve al Padre" (Jn 14:9), y el Padre: "Éste es mi Hijo amado; escuchadlo" (Lc 9:35). Nuestro Señor, al haberse hecho hombre para cumplir la voluntad del Padre (cf. Heb 10:5-7), nos "manifestó el amor que nos tiene" (1 Jn 4:9) con los menores rasgos de sus misterios» (CCE 516).

«La plena y definitiva etapa de la Revelación de Dios es la que Él mismo llevó a cabo en su Verbo encarnado, Jesucristo, mediador y plenitud de la Revelación. En cuanto Hijo Unigénito de Dios hecho hombre, Él es la Palabra perfecta y definitiva del Padre. Con la venida del Hijo y el don del Espíritu, la Revelación ya se ha cumplido plenamente, aunque la fe de la Iglesia deberá comprender gradualmente todo su alcance a lo largo de los siglos» (Compendio 9).

8 Jesús es nuestro redentor. Un mundo herido

Guerras, masacres, crueldad, explotación, crimen, prejuicios... Los periódicos y pantallas de televisión están llenos de todas estas cosas, son inevitables, parte de nuestro mundo.

¿Qué es el progreso?

Podemos llegar a la luna, cruzar el Atlántico en pocas horas, ver las cosas que ocurren en el otro lado del mundo mientras están sucediendo. En el campo tecnológico, el hombre ha conseguido tremendos progresos.

Pero si hablamos de vivir en paz, de amarnos mutuamente, parece que hemos progresado poco. El modo como las personas se lastiman y el grado en que lo hacen, parece haberse agravado. Lo verdaderamente sorprendente es que parece que no podemos hacer nada, nos encontramos impotentes.

Pero el mal no solo existe en el mundo sino también en nosotros mismos. Nosotros también ofendemos al prójimo. Somos egoístas y crueles. No amamos. La conclusión, sin lugar a dudas, es que algo anda mal en la humanidad. De algún modo, en algún lugar, el hombre quedó atrapado por el pecado. Y esta situación salta a la vista.

Si dudamos de la necesidad que la humanidad tiene de redención, solo tenemos que ver el periódico del día. Si dudamos de la necesidad que tenemos personalmente de redención, solo tenemos que examinar nuestro corazón. Somos seres necesitados de redención, necesitamos liberarnos de nuestros límites.

¿Por qué vino Jesús?

«Dios Padre envió a su Hijo para ser salvador del mundo». «El Hijo del hombre [Jesucristo] ha venido a buscar y salvar lo que estaba perdido». La idea de estar «perdido» es una descripción muy buena de lo que significa el pecado. Cuando estamos perdidos vagamos sin rumbo ni meta.

Las personas, cuando dan la espalda a Dios, están perdidas. Se ha perdido el contacto con Dios, quien es el único que puede darle significado a la vida. Es como si un piloto, tratando de aterrizar en medio de una neblina, pierde contacto con la torre de control.

Solos no podemos hacer nada para cambiar esta situación. No podemos restablecer el contacto con Dios. Solo vagamos, alejándonos más y más de nuestro verdadero destino.

Si hemos de volver a encontrar el camino, alguien nos lo tiene que enseñar. Y esto puede hacerlo solo alguien que lo conozca, que no haya perdido el contacto «con la torre de control»; en otras palabras, alguien que desconozca el pecado.

Jesús vino a restablecer para nosotros una verdadera y amorosa relación con Dios, su Padre. Por medio de Jesús podemos salir de la red del pecado en la cual hemos caído.

«Al liberar a algunos hombres de los males terrenos del hambre (cf. Jn 6:5-15), de la injusticia (cf. Lc 19:8), de la enfermedad y de la muerte (cf. Mt 11:5), Jesús realizó signos mesiánicos; no obstante, no vino a abolir todos los males aquí abajo (cf. Lc 12:13-14; Jn 18:36), sino a liberar a los hombres de la esclavitud más grave, la del pecado (cf. Jn 8:34-36), que es el obstáculo para su vocación de hijos de Dios y causa de todas sus servidumbres humanas»[22].

Una verdad que conmueve

Jesús, según dijo Él mismo, vino a *buscar* y a salvar lo que estaba perdido. Esa sencilla frase contiene una profunda verdad, una verdad que radica en el mismo corazón del mensaje cristiano: *Dios se nos entrega.*

---

[22] CCE 549

El hombre falló y destruyó su relación con Dios. Pero el Señor no espera a que el culpable vuelva a reconciliarse con Él. Dios camina hacia él y, en Jesús, lo busca. Y todo esto sin condiciones. Dios, simplemente, se da a sí mismo como un regalo. Esta verdad conmovedora hace que el cristianismo se distinga del resto de las religiones. Revoluciona nuestra manera usual de pensar en la religión. Las personas siempre han creído que deben luchar, sin la ayuda de nadie y por sus propias fuerzas, para no sentirse culpables delante de Dios.

La verdad es casi todo lo contrario; y es abrumadora. Tan abrumadora que, cuando Dios se dio a sí mismo a la humanidad, ésta no lo aceptó.

«Toda la riqueza de Cristo "es para todo hombre y constituye el bien de cada uno" (*Redemptor hominis* 11). Cristo no vivió su vida para sí mismo, sino para nosotros, desde su encarnación[23] "por nosotros los hombres y por nuestra salvación" hasta su muerte "por nuestros pecados" (1 Cor 15:3) y su resurrección "para nuestra justificación" (Rom 4:25). Todavía ahora es "nuestro abogado cerca del Padre" (1 Jn 2:1), "estando siempre vivo para interceder en nuestro favor" (Heb 7:25). "Con todo lo que vivió y sufrió por nosotros de una vez por todas, permanece presente para siempre «ante el acatamiento de Dios a favor nuestro» (Heb 9:24)»[24].

«Todo lo que Cristo vivió hace que podemos *vivirlo en Él* y que Él lo *viva en nosotros*. "El Hijo de Dios con su encarnación se ha unido en cierto modo con todo hombre" (GS 22, 2). Estamos llamados a no ser más que una sola cosa con Él; nos hace comulgar en cuanto miembros de su Cuerpo en lo que Él vivió en su carne por nosotros y como modelo nuestro»[25].

---

[23] «La Iglesia llama "Encarnación" al hecho de que el Hijo de Dios haya asumido una naturaleza humana para llevar a cabo por ella nuestra salvación» (CCE 461)
[24] CCE 519
[25] CCE 521

9 ¿Cómo nos redimió Jesús?

No vino solo a darnos un ejemplo que debíamos imitar, vino a hacer posible que nosotros fuéramos como Él.

Cruz y Resurrección: el misterio pascual.

Jesús hizo posible que llegáramos a asemejarnos a Él. En esto consiste la redención. Vivió en el mundo como uno de nosotros. Fue plenamente hombre y compartió la condición humana hasta en el sufrimiento y la muerte. Pero mientras el hombre pecó, Él se mantuvo limpio de pecado. Mientras los demás no amaban, Él amó en plenitud. Mientras los otros solo hacían su voluntad, Él hizo la voluntad de su Padre. Jesús nos enseñó a vivir para Dios.

No vino solo a darnos un ejemplo que debíamos imitar, como un perfecto modelo de alguien que vivió como Dios quiere. El vino a hacer posible que nosotros fuéramos como Él, a hacer posible que nos sobrepusiéramos al poder sofocante del pecado. Él vino a hacer posible nuestra conversión. «Toda su vida, Jesús se muestra como *nuestro modelo* (cf. Rom 15:5; Flp 2:5): Él es el «hombre perfecto" (GS 38) que nos invita a ser sus discípulos y a seguirlo; con su anonadamiento, nos ha dado un ejemplo que imitar (cf. Jn 13:15); con su oración atrae a la oración (cf. Lc 11:1); con su pobreza, llama a aceptar libremente la privación y las persecuciones (cf. Mt 5:11-12)»[26].

Pregunta: ¿Cómo Jesús llevó a cabo la redención?

Respuesta: Por su muerte y resurrección.

Hay un inmenso contenido en esa pregunta y respuesta, y nunca llegaremos a entender completamente su significado. Hablamos del *misterio* de la redención, misterio porque nunca vamos a poder

---

[26] CCE 520

explicarlo plenamente. Todo lo que podemos hacer es acercarnos a él lo más posible. «Toda la vida de Cristo es misterio de *redención*. La redención nos viene ante todo por la sangre de la cruz (cf. Ef 1:7; Col 1:13-14; 1 Pe 1:18-19), pero este misterio está actuando en toda la vida de Cristo: por lo pronto en su encarnación, porque haciéndose pobre nos enriquece con su pobreza (cf. 2 Cor 8:9); en su vida oculta, donde repara nuestra insumisión mediante su sometimiento (cf. Lc 2:51); en su palabra que purifica a sus oyentes (cf. Jn 15:3); en sus curaciones y exorcismos, por los cuales «él tomo nuestras flaquezas y cargó con nuestras enfermedades" (Mt 8:17; cf. Is 53:4); en su resurrección, por medio de la cual nos justifica (cf. Rom 4:25)»[27]. «Todo lo que Jesús hizo, dijo y sufrió tuvo como finalidad restablecer al hombre caído en su vocación primera»[28].

¿Por qué murió Jesús en la cruz?

Cuando buscamos entender la respuesta a esta pregunta debemos rechazar de inmediato cualquier idea falsa de que Dios Padre es un juez despiadado y cruel que exigió que su Hijo sufriera y muriera como víctima sacrificial por los pecados de la humanidad. Solo el amor es lo único que nos puede ayudar a entender el porqué de la pasión y muerte del Hijo.

«¡Así amó Dios al mundo! Le dio al Hijo Unico, para que quien cree en él no se pierda, sino que tenga vida eterna. Dios no envió al Hijo al mundo para condenar al mundo, sino para que se salve el mundo gracias a él» (Jn 3:16-17).

Jesús padeció porque el sufrimiento es parte de la vida humanos y nadie se libra de él. Sufrió, además, porque su vida, su enseñanza y su obrar provocaron el rencor y la hostilidad de los pecadores. Los hombres se negaron a aceptar su Persona y sus enseñanzas.

Jesús pudo haber evitado la cruz; pudo escapar, pero no lo hizo y permaneció fiel a su Padre, fiel al mensaje de amor que había venido a traer. En otras palabras, se mantuvo obediente al deseo de su Padre de redimirnos. Jesús realizó el designio divino

---

[27] CCE 517
[28] CCE 518

de salvación por medio de su muerte, cumpliendo la profecía del Siervo Sufriente[29]. «La iglesia siempre ha creído que los pecadores hemos sido los autores y como los instrumentos de todas las penas que soportó el divino Redentor»[30].

«Este sacrificio de Cristo es único, da plenitud y sobrepasa a todos los sacrificios (cf. Heb 10:10). Ante todo es un don del mismo Dios Padre: es el Padre quien entrega al Hijo para reconciliarnos consigo (cf. Jn 4:10). Al mismo tiempo es ofrenda del Hijo de Dios hecho hombre que, libremente y por amor (cf. Jn 15:13), ofrece su vida (cf. Jn 10:17-18) a su Padre por medio del Espíritu Santo (cf. Heb 9:14), para reparar nuestra desobediencia»[31].

Jesús consumó en la Cruz el sacrificio redentor de todo el género humano; «la existencia en Cristo de la Persona divina del Hijo, que al mismo tiempo sobrepasa y abraza a todas las personas humana y que lo constituye Cabeza de toda la humanidad, hace posible su sacrificio redentor por todos»[32].

¿Dónde encaja la resurrección?

«La resurrección de Cristo no fue un retorno a la vida terrena como en el caso de las resurrecciones que Él había realizado antes de la Pascua: la hija de Jairo, el joven de Naím, Lázaro. Estos hechos eran acontecimientos milagrosos, pero las personas afectadas por el milagro volvían a tener, por el poder de Jesús, una vida terrena "ordinaria". En cierto momento, volverán a morir. La resurrección de Cristo es esencialmente diferente. En su cuerpo resucitado, pasa del estado de muerte a otra vida más allá del tiempo y del espacio. En la Resurrección, el cuerpo de Jesús se llena del poder del Espíritu Santo [y] participa de la vida divina en el estado de su gloria»[33].

Después de recibir el Espíritu Santo en Pentecostés, san Pedro y los demás Apóstoles comenzaron a predicar la buena nueva del Evangelio, y el punto central de su mensaje era la resurrección de

---

[29] Cf. CCE 601
[30] *Catechismus Romanus* 1, 5
[31] CCE 614
[32] CCE 616
[33] CCE 646

Jesús. La resurrección es la base de nuestra fe cristiana. Expliquemos el porqué.

Sería un error pensar que la resurrección es simplemente una *prueba* de que Jesucristo era Dios. Tiene un significado mucho más profundo. San Pablo afirma: «Si Cristo no resucitó, nuestra predicación no tiene contenido, como tampoco la fe de ustedes» (1 Cor 15:14).

La resurrección constituye la garantía de lo que Cristo hizo y enseñó, del cumplimiento de las promesas divinas, y confirma además su divinidad[34]. La resurrección de Cristo constituye la plenitud del misterio de la encarnación del Hijo de Dios[35]. Existe un doble aspecto en el misterio pascual: por su muerte nos libera del pecado, por su resurrección nos abre el acceso a una vida nueva que consiste en la victoria sobre la muerte y el pecado mediante la participación de la vida divina[36].

Jesús permaneció fiel a las palabras del Padre, y por eso Él lo resucitó de entre los muertos a una vida de gloria. Jesús vuelve a unirse con el Padre para siempre. Y por eso, como nuestra cabeza, nuestro representante, Él nos reconcilió con Dios. Así alcanzó nuestra redención.

¿Cómo me afecta la redención?

¿Por qué hay guerras si el mundo ha sido redimida? ¿Por qué las personas se odian y no se aman? ¿Por qué hay sufrimiento y muerte? Estas preguntas son difíciles de responder. Solo podemos insinuar una respuesta recordando lo dicho anteriormente.

Jesús hizo posible que pudiéramos vencer el pecado, hizo que la salvación *fuera posible*. Pero la salvación llega a nuestro corazón cuando aceptamos y creemos en Jesucristo. En ese momento, cambiamos, comenzamos a compartir su vida, a participar en la relación que Él, como hombre, tiene con su Padre.

Participamos en esa vida cuando renacemos, mediante el Bautismo. En una sección posterior examinaremos más detal-

---

[34] Cf. CCE 651-653

[35] Cf. CCE 653

[36] Cf. CCE 654

ladamente este aspecto. Por el momento basta con recalcar que Jesús ha puesto la salvación a nuestro alcance. Su vida y su amor están a disposición de quien lo acepte. Cuando lo rechacemos, el pecado rige en nosotros y en el mundo.

Nuestra total y completa unión con Cristo se logrará cuando hayamos pasado de este mundo al otro. *¡Pero la salvación ha comenzado ya!* La semilla de la nueva vida de Cristo ha sido ya sembrada en nosotros. Nuestra tarea en este mundo consiste en procurar el crecimiento de esta semilla, de modo que seamos más y más semejantes a Él.

La redención que Dios te ofrece por medio de Jesucristo comienza cuando te sientes liberado de los límites que te atan a tus miedos y temores, a tus complejos y traumas, a la baja estima de ti mismo, a la soberbia. Y el culmen de la redención en este mundo se experimenta cuando participas, en la medida que es humanamente posible, de la plenitud de la vida en Dios a través del Espíritu Santo.

Reflexión sobre nuestro culto

En esta sección de *Tu fe* hemos tratado de mostrar el significado de nuestra redención. Hemos insistido en que, en la salvación de la humanidad, Dios toma la iniciativa. Él vino a nosotros; no nosotros a Él. Al mandar a su Hijo al mundo, nos dio el mayor regalo que podíamos imaginar: su Hijo.

Esta verdad profunda dice algo muy importante sobre el culto cristiano. El culto principal de nuestra fe es naturalmente la Misa o Eucaristía. La palabra Eucaristía significa dar gracias. La Misa es, ante todo, acción de gracias y recuerdo (memorial) de lo que Dios ha hecho por nosotros.

En la Misa aceptamos los regalos de Dios. No tratamos de darle nada de nuestros propios cualidades. Reconocemos que todo lo que tenemos y somos, procede de Él. Proclamamos que Dios nos ha redimido en Cristo y pedimos que venga pronto el establecimiento de su reinado en este mundo: «Anunciamos tu muerte, proclamamos tu resurrección. ¡Ven, Señor Jesús!».

Para recordar

«La resurrección de Jesús es la verdad culminante de nuestra fe en Cristo, creída y vivida por la primera comunidad cristiana como verdad central, transmitida como fundamental por la Tradición, establecida en los documentos del Nuevo Testamento [y] predicada como parte esencial del Misterio Pascual al mismo tiempo que la Cruz» (CCE 638).

10 Se encarnó de María, la Virgen, y se hizo hombre

«Cuando llegó la plenitud de los tiempos, Dios envió a su Hijo, que nació de mujer» (Gal 4:4).

Madre de Dios, madre nuestra

Dios Padre quiso que Jesucristo tuviera una verdadera madre humana, y solo a Él como Padre. La maternidad divina de María no es un mito, sino un dato fundamental de la vida de Jesús. Nos resulta fácil considerar la posibilidad de un hombre hecho dios (las historias de superhéroes), pero no entendemos tan fácilmente que un Dios se haga hombre.

María no solo dio a luz a un hombre, el Jesús histórico, que se habría «convertido» en Dios, sino que concibió, sin participación de varón, al verdadero Hijo de Dios, por obra del Espíritu Santo. «El acontecimiento único y totalmente singular de la encarnación del Hijo de Dios no significa que Jesucristo sea en parte Dios y en parte hombre, ni que sea el resultado de una mezcla confusa entre lo divino y lo humano. Él se hizo verdaderamente hombre sin dejar de ser verdaderamente Dios. Jesucristo es verdadero Dios y verdadero hombre. La Iglesia debió defender esta verdad de fe durante los primeros siglos frente a herejías que la falseaban»[37].

Jesucristo nos entregó a María como madre: «Mujer, ahí tienes a tu hijo... Ahí tienes a tu madre» (Jn 19:26b-27a). Cristo dirigió a Juan estas palabras y la Iglesia siempre las ha entendido como el momento en que su Hijo, desde la cruz, le confió la Iglesia naciente. La Virgen María es nuestra madre en la fe y podemos invocarla y pedir su intercesión ante Dios.

---

[37] CCE 464

Del privilegio único de la maternidad divina de María, por el que Dios la asoció al misterio de la Encarnación y de la Redención, se derivan todos los demás privilegios marianos: predestinación, concepción inmaculada, virginidad perpetua, asunción…

María Virgen

La virginidad de María es otro dato de la vida de Cristo y no una leyenda: Jesús nació de mujer sin padre humano. Cuando María preguntó cómo concebiría al Hijo de Dios, dijo que «no conocía varón», lo cual ha sido interpretado, desde los tiempos de la Iglesia de los Apóstoles, como que «no había tenido relaciones sexuales ni pensaba tenerlas». Desde el inicio, a pesar de las burlas que esto ocasionó, la Iglesia siempre ha creído en la virginidad real de María y no meramente simbólica.

Jesús fue concebido por obra del Espíritu. No han faltado voces que nieguen la virginidad perpetua de María, considerándola como algo superado. La Iglesia, y en especial la piedad popular, la reconocen como «virgen antes del parto, virgen en el parto y virgen después del parto».

«*¿Tuvo María otros hijos además de Jesús?* No. Jesús es el único hijo carnal de María. Ya en la Iglesia primitiva se partía de la base de la virginidad perpetua de María, lo que excluye que Jesús tuviera hermanos de carne. En arameo, hay una única palabra para hermano, hermana, primo, prima. Cuando en el Evangelio se habla de "hermanos y hermanas" de Jesús, se trata de parientes cercanos»[38].

Otros privilegios concedidos a la Virgen María

- Predestinación: «Al sexto mes el ángel Gabriel fue enviado por Dios a una ciudad de Galilea, llamada Nazaret, 27 a una joven virgen que estaba comprometida en matrimonio con un hombre llamado José, de la familia de David. La virgen se llamaba María » (Lc 1:26-27)[39].

---

[38] *YOUCAT* 81
[39] CCE 268

- Inmaculada Concepción: Dios preservó a María del pecado original. No se refiere a la concepción de Jesús en el vientre de María. Tampoco significa un desprecio a la sexualidad, como si los esposos se «mancharan» cuando engendran hijos.
- Asunción: concluida la vida terrena de María, Dios la llevó en cuerpo y alma a la gloria celeste.

Atenta a la palabra de Dios

María recibió la palabra de Dios con fe. Hay tres momentos en el Evangelio donde la fe de María se expresa de manera impresionante:

- En la anunciación parece expresar dudas sobre la posibilidad de convertirse en madre del Mesías. Sus dudas cedieron ante la fe y asintió: «Yo soy la servidora del Señor, hágase en mí tal como has dicho» (Lc 1:38).
- En la visitación, santa Isabel atribuye las bendiciones de María a su fe en la promesa de Dios. «¡Dichosa por haber creído que se cumplirían las promesas del Señor!» (Lc 1:45).
- En la pérdida de Jesús en el Tempo, el Evangelio dice que María «guardaba todos estos acontecimientos y los volvía a meditar en su interior» (Lc 2:19).

María escuchó y aceptó la palabra de Dios, y dio fruto al ciento por uno. En su fe vemos el camino hacia la madurez de nuestra vida cristiana. Si cultivamos esta fe, no perderemos de vista el significado de nuestra vida, nos centraremos en cumplir la voluntad del Padre y adquiriremos dirección, fuerza y libertad personal.

María, al igual que nosotros, vivía por la fe y había de responder al regalo de la gracia. La diferencia entre Ella y nosotros está en que Ella respondió de una forma total y perfecta, le dijo sí a Dios en todos los momentos de la vida.

Para recordar

Esta es nuestra fe sobre la Virgen María, expuesta magistralmente por el Papa Pablo VI en la solemne profesión de fe:

«Creemos que la Bienaventurada María, que permaneció siempre virgen, fue la Madre del Verbo encarnado, Dios y Salvador nuestro, Jesucristo, y que Ella, por su singular elección, en atención a los méritos de su Hijo, redimida de modo más sublime, fue preservada inmune de toda mancha de culpa original y que supera ampliamente en don de gracia eximia a todas las demás creaturas.

Ligada por un vínculo estrecho e indisoluble al misterio de la Encarnación y Redención, la Beatísima Virgen María, Inmaculada, terminado el curso de la vida terrestre fue asunta en cuerpo y alma a la gloria celeste, y hecha semejante a su Hijo, que resucitó de los muertos, recibió anticipadamente la suerte de todos los justos; creemos que la Santísima Madre de Dios, nueva Eva, Madre de la Iglesia, continúa en el cielo ejercitan do su oficio materno con respecto a los miembros de Cristo, por el que contribuye para engendrar y aumentar la vida divina en cada una de las almas de los hombres redimidos» (14-15).

11 Jesús envió al Espíritu Santo. Todos formamos la Iglesia

Cuando vayas a Misa el domingo, mira a las personas que te rodean. ¿Cómo son? Los feligreses forman un grupo muy variado.

¿Quién es el Espíritu Santo?

Habrá personas de todas las edades, desde bebés hasta personas mayores. Serán de una gran variedad de niveles económicos, distintas clases, razas y nacionalidades. Habrán traído con ellos sus preocupaciones, sus problemas y dificultades, sus aspiraciones y ambiciones, sus esperanzas y temores.

Sin embargo, el hecho de haberse reunido a orar nos muestra que, a pesar de sus diferencias, *algo* los une. Y esa causa de unión es más que una creencia que comparten, el deseo de alabar y adorar a Dios o formar parte de una comunidad.

Lo que los une no es en realidad *algo,* ¡es *alguien! Dicha* verdad está expresada brevemente en las palabras de bienvenida, al inicio de la Misa: «La gracia de Nuestro Señor Jesucristo, el amor del Padre y la comunión del Espíritu Santo...» Aquí radica nuestra unidad como cristianos, pues la Iglesia son sus hombres y mujeres: personas unidas, primero y primordialmente, por el Espíritu Santo, quien está en nuestros corazones, ya que «nadie puede decir: "¡Jesús es Señor!" sino con un Espíritu Santo» (1 Cor 12:3).

Un autor moderno lo llamó «el gran desconocido» de los católicos. En la manifestación histórica que Dios hizo de su vida íntima (revelación), la existencia del Espíritu Santo ocupa el último lugar: el Antiguo Testamento proclama muy claramente la existencia del Padre, el Nuevo Testamento revela al Hijo, y son el Padre y el Hijo quienes envían al Espíritu Santo el día de Pentecostés, cincuenta días después de la resurrección, estando ya glorificado en el cielo,

Jesucristo infunde su Espíritu en la Iglesia –como grandes lenguas de fuego–, y lo manifiesta como Persona divina). Ese día se manifestó plenamente el misterio de la Trinidad. Es en los «últimos tiempos» cuando el Espíritu se manifiesta y nos es dado, y cuando es reconocido y acogido como persona[40].

- En ninguna parte de la Biblia encontramos una frase que diga «hay un solo Dios verdadero y tres personas distintas: Padre, Hijo y Espíritu Santo». En la Biblia aparece la existencia del Padre, del Hijo y del Espíritu Santo, y solo después, la fe de la Iglesia acuñó una frase para definir el misterio de la Trinidad.

- Que el Espíritu Santo sea «persona» indica que no se confunde con el Hijo como el Hijo no se confunde ni con el Padre ni con el mismo Espíritu, y que en su modo de ser divinos el Padre engendra al Hijo y el Espíritu Santo procede (es enviado) del Padre y del Hijo como algo que los distingue entre sí. Junto con la distinción de las personas divinas, la iglesia profesa la unidad indivisible de la Trinidad.

- Otros apelativos que ha recibido el Espíritu Santo son Paráclito, Espíritu de verdad, Espíritu de la promesa, Espíritu de adopción, Espíritu de Cristo, Espíritu del Señor, Espíritu de Dios y Espíritu de gloria. También se le ha representado con diversos símbolos: agua, unción, fuego, nube y luz, sello, mano, dedo y paloma, este último el símbolo más tradicional en la representación cristiana[41].

> **Para recordar**
>
> ¿Cuál es el sentido de las palabras «Creo en el Espíritu Santo»? «Creer en el Espíritu Santo es profesar que es una de las personas de la Santísima Trinidad, consubstancial al Padre y al Hijo, "que con el Padre y el Hijo recibe una misma adoración y gloria"» (CCE 685).

---

[40] Cf. CCE 686
[41] Cf. CCE 691-701

12 La acción del Espíritu Santo: el Espíritu dador de vida.

Si hay un defecto en nuestro conocimiento y piedad como cristianos es, sin duda, no entender el papel que el Espíritu Santo juega en nuestras vidas y en la obra de Dios.

El Espíritu y Jesús

Podemos conocer y comprender el misterio del Espíritu Santo examinando cómo se ha manifestado su existencia y acción. En primer lugar, se trata de una manifestación progresiva. El papel del Espíritu Santo se va haciendo gradualmente más claro, mientras se nos va revelando a través de las Escrituras.

En el Antiguo Testamento, el pueblo de Israel se iba dando cuenta del papel del Espíritu de Dios en su vida. Veían al Espíritu como la fuente de la vida en la obra de la creación. Por eso, en el libro del Génesis se describe al Espíritu de Dios revoloteando sobre las aguas, preparado para dar vida. Después de haber hecho al hombre de barro, Dios le dio el espíritu de la vida.

Pero el Espíritu de Dios no solo dio la vida natural, sino también la espiritual. El hombre puede agradar a Dios en la medida que «posea su Espíritu», participando de la sabiduría divina.

Con la promesa hecha a Abrahán se inaugura la historia de la salvación. Un contenido esencial de «la promesa» es la efusión del Espíritu Santo. También sabían los judíos que el Espíritu de Dios iba a ser derramado plenamente sobre la tierra en la época del Mesías. La experiencia que tenían del pecado del hombre los empujaba a considerar el hombre pecador y corrompido.

En los profetas se perfilan dos líneas de acción: una se refiere a la espera del Mesías, y otra al anuncio de un «corazón nuevo». Solamente cuando el Espíritu de Dios sea derramado sobre la humanidad con la llegada de Cristo, cambiará las cosas. «Envía tu Espíritu y serán creados; y tú renovarás la faz de la tierra»..

El Espíritu de Yavé siempre estaba con el Hijo de Dios, Nuestro Señor Jesucristo.

- Su concepción humana se realizó por obra del Espíritu, como dice san Lucas en su Evangelio.
- Jesús fue ungido en el Bautismo por el Espíritu de Dios para realizar su misión salvadora.
- El Espíritu lo confirmó como «Hijo amado» y lo guió en su vida terrena.
- En la cruz el Señor exhaló el Espíritu.

Sin embargo, como hombre, Cristo solo podía enviar el Espíritu sobre nosotros después de resucitar de entre los muertos y ascender al Padre. Él nos dijo que, de no volver al Padre, el Paráclito no vendría a nosotros. El Espíritu de Dios *es* nuestra vida. Compartimos la vida de Nuestro Señor porque compartimos el Espíritu que Él nos ha enviado.

El «alma» de la iglesia

El Papa Pío XII expresó la acción del Espíritu Santo llamándole el «alma» de la Iglesia en cuanto esta es «Cuerpo Místico de Cristo». Igual que todos los miembros de nuestro cuerpo comparten la vida, así nosotros y nuestros hermanos cristianos compartimos el mismo Espíritu, la misma vida de Cristo. Ya comentamos antes que este es el significado de la frase inicial de la Misa, la comunión del Espíritu Santo.

Aquí radica la importancia del Espíritu Santo en nuestras vidas. Él es la fuente siempre presente de nuestra vida espiritual. Él se halla en nosotros, convirtiéndonos más perfectamente en hijos de Dios acercándonos más al Hijo Unigénito.

El Espíritu y la Iglesia

Los Apóstoles entendían estas ideas mucho más fácilmente. Después de todo, estuvieron tres años con Nuestro Señor, lo escucharon, vieron sus milagros, le hablaron como amigo. *Debe de* haber sido mucho más fácil para ellos creer en Cristo, amarlo y seguirlo. A veces pensamos de esta manera. Quizás hasta sentimos envidia de la buena suerte de los Apóstoles. Pero si leemos el Evangelio, no todo fue fácil ni claro.

Piensa, por ejemplo, cuántas veces Jesús los reprendió por su falta de fe y comprensión. O cómo fallaron a la hora de la crucifixión, la traición de Judas, la negación de Pedro, a pesar de su contacto tan íntimo con el Maestro durante los tres años anteriores. La debilidad de su fe y comprensión quedó ampliamente demostrada.

¿Pero qué pasó después? ¿No dedicaron el resto de sus vidas a predicar el mensaje de Cristo? ¿No dieron sus vidas por Él? Deben haber tenido una gran fe y conocimiento de Cristo para lograrlo.

Esta fe y este conocimiento fue creciendo gradualmente: mientras vivían con Jesús, comprendieron, con las limitaciones humanas de la mentalidad de la época, que el «Maestro» cumplía las promesas mesiánicas y, al mismo tiempo, percibieron que existía algo más que los hacía proclamar a Jesús de Nazaret como «Rey de Israel», el «Hijo de Dios vivo». A la luz de la Resurrección lo reconocieron como «Señor», y el día de Pentecostés recibieron el Espíritu que los guió a la verdad plena sobre Jesús. Algo sucedió para que estos hombres atemorizados se convirtieran en personas con una fuerza capaz de llevar el mensaje de Cristo al mundo entero. Ese algo fue la venida del Espíritu Santo.

Una presencia maravillosa

Ocurrió tal como Jesús les había dicho. «Les conviene que yo me vaya, porque mientras yo no me vaya, el Protector no vendrá a ustedes» (Jn 16:7).

Los Apóstoles no lo podían entender en ese momento. ¿Qué sería mejor que tener a Jesús con ellos? A la luz de la resurrección, y después de recibir el Espíritu Santo, comprendieron plenamente el misterio de Jesús muerto y resucitado por nuestra salvación. Él ya no estaba físicamente presente entre ellos, pero *estaba* presente de una manera mucho más maravillosa: en su Espíritu. Esa presencia los transformó.

Esa presencia también nos transforma a nosotros y nos hace diferentes. El mismo Espíritu que descendió sobre los apóstoles el día de Pentecostés está en cada uno de nosotros. Es a través de Él como podemos creer en Cristo, amarlo y confiar en Él. El Espíritu Santo vive en nosotros, uniéndonos a Cristo y derramando su amor.

El Espíritu en la Iglesia

El Espíritu no solamente vive en nosotros como individuos; también trabaja en la Iglesia, Pueblo de Dios y la guía ahora como hizo con la pequeña comunidad apostólica el día de Pentecostés.

Es muy importante que recordemos esta verdad. No debemos tener miedo. Debemos confiar en el Espíritu Santo con la misma confianza que tuvieron los apóstoles cuando salieron, bajo su guía, a convertir el mundo.

Quizás tardemos en ver claramente adónde nos lleva el Espíritu. Tal vez, por nuestra ceguera, ignoremos su voluntad y tomemos caminos equivocados en nuestra vida. Pero Él siempre estará ahí para guiarnos hacia el camino correcto.

Para recordar

«La Iglesia es el lugar de nuestro conocimiento del Espíritu Santo:

- En las Escrituras que Él ha inspirado.
- En la Tradición, de la cual los Padres de la Iglesia son siempre testigos actuales.
- En el Magisterio de la Iglesia, al que Él asiste.
- En la Liturgia sacramental, a través de sus palabras y sus símbolos, en donde el Espíritu Santo nos pone en comunión con Cristo.
- En la oración en la cual Él intercede por nosotros.
- En los carismas y ministerios mediante los que se edifica la Iglesia.
- En los signos de vida apostólica y misionera.
- En el testimonio de los santos, donde Él manifiesta su santidad y continúa la obra de la Salvación».

(CCE 688)

13 La Iglesia hace presente a Jesús

La maravilla de un recién nacido. El misterio del amor humano.

La belleza de una flor...

Hay cosas que no se pueden describir en pocas palabras. Los artistas, a lo largo de los siglos, se han sentido estimulados e inspirados por estas realidades, y muchas veces han dedicado su vida a expresarlas.

A menudo son LAS cosas ordinarias las que provocan un reto para la mente sensible del artista. Y también con frecuencia el artista se autocrítica y lamenta, al darse cuenta de que no puede resumir en una obra de arte la belleza que experimenta. La vida es demasiado complicada y sencilla a la vez, para ser expresada en pocas palabras.

Una de estas realidades la hallamos en la Iglesia de Cristo. Es una asamblea de personas concretas, una institución admirada por sus logros históricos o juzgada por sus errores. Pero es mucho más, no puede describirse en pocas palabras. Y, más importante aún, no puede ser comprendida plenamente, porque es, a la vez, una realidad divina y humana.

En esta sección consideraremos la Iglesia, adentrándonos en el estudio de su realidad completa.

Creo en la Iglesia

La palabra «Iglesia» (del griego *ekklèsia*) significa literalmente «convocación» y en la Biblia ordinariamente designa una asamblea del pueblo de carácter religioso. La primera comunidad de los que creían en Cristo, considerándose heredera de la tradición bíblica, se dio a sí misma el nombre de «Iglesia». Todos los creyentes bautizados somos convocados por el Señor, y juntos formamos la Iglesia, de la que Cristo es Cabeza y nosotros su Cuerpo.

El Concilio Vaticano II describió a la Iglesia con diversas imágenes bíblicas tomadas de la vida pastoril (redil, grey), de la agricultura (labranza de Dios, vid verdadera), de la edificación (edificación de Dios, templo santo), y también de la familia y del matrimonio (esposa). Inspirados en las palabras de las cartas de san Pablo, se le llama «Cuerpo Místico de Cristo». El concilio desarrolló, sobre todo, la concepción dinámica de la Iglesia entendida como «Pueblo de Dios».

Origen y consumación de la Iglesia

La Iglesia tiene su origen y realización en el designio eterno de Dios.

- Fue preparada en la Antigua Alianza con la elección de Israel como Pueblo de Dios y signo de la reunión futura de todas las naciones.
- Fue fundada por las palabras y las acciones de Jesucristo (mediante el anuncio de la llegada del Reino de Dios). Se realizó plenamente mediante su muerte redentora (con el don total de Cristo por nuestra salvación) y su resurrección.
- Más tarde, con la efusión del Espíritu Santo en Pentecostés, se manifestó como misterio de salvación para la humanidad.
- Al final de los tiempos, alcanzará su consumación como asamblea celestial de todos los redimidos.

Para recordar

Creemos en la Iglesia fundada por Cristo, que es a la vez comunidad espiritual e Iglesia terrestre, germen y comienzo del Reino de Dios.

14 Creo en la Iglesia, que es una

«Vista desde fuera la Iglesia es únicamente una institución histórica, con logros, pero también con errores, incluso con crímenes: una Iglesia de pecadores. Pero esta mirada no es suficientemente profunda. Cristo se ha comprometido de tal modo con nosotros, pecadores, que no abandona nunca la Iglesia, incluso si le traicionamos a diario. Esta unión inseparable de lo humano y lo divino, de pecado y de gracia, forma parte del misterio de la Iglesia»[42].

La Iglesia es «una»

La Iglesia es «una»:
- Por su origen, cuyo modelo es la unidad de un solo Dios.
- Por su fundador: Jesucristo.
- Por su «alma»: el Espíritu Santo que la realiza.

Cuando Cristo fundó la Iglesia mediante el anuncio y establecimiento del Reino de Dios, no con un acta constitutiva, la dotó de sus elementos esenciales:
- La profesión de una misma fe recibida de los Apóstoles.
- La celebración común del culto divino, sobre todo de los sacramentos.
- La sucesión apostólica por el sacramento del Orden[43].

Estos tres elementos subsisten solo en la Iglesia católica; las demás iglesias cristianas conservan algunos, como elementos de santificación y verdad. La Iglesia fundada por Cristo es, además, depositaria de otros dones, de los cuales también pueden participar las demás iglesias y comunidades eclesiales separadas, como:

---

[42] *YOUCAT* 124
[43] Cf. CCE 815

- La Sagrada Escritura.
- La fe, la esperanza y la caridad.
- Los carismas o dones del Espíritu Santo.

Estos dones y elementos, aunque no se participe de todos en plenitud, conducen por sí mismos a una dinámica de «reunificación», porque pertenecen a un mismo ser.

Unidad rota

«Las rupturas de la única Iglesia de Cristo surgieron por falsificaciones de la doctrina de Cristo, por faltas humanas y por escasa disposición a la reconciliación (con frecuencia en los representantes de ambas partes). Los cristianos de hoy no son responsables de las divisiones históricas de la Iglesia. El Espíritu Santo actúa también en las iglesias y comunidades eclesiales separadas de la Iglesia católica para la salvación de los hombres»[44].

Aunque la unidad de la Iglesia fundada por Cristo está rota, también los bautizados separados de la plena comunión con la Iglesia católica, se llaman cristianos, y los consideramos nuestros hermanos en la fe. De aquí nace nuestro deber y compromiso de trabajar por el ecumenismo, pues la unidad fue uno de los deseos más importantes de Jesús.

---

[44] *YOUCAT* 130

15 Creo en la Iglesia, que es santa

«"Mientras que Cristo, santo e inocente, sin mancha, no conoció el pecado, sino que vino solamente a expiar los pecados del pueblo, la Iglesia, abrazando en seno a los pecadores, es a la vez santa y siempre necesitada de purificación y busca sin cesar la conversión y la renovación" (LG 8; cf. UR 3; 6). Todos los miembros de la Iglesia, incluso sus ministros, deben reconocerse pecadores (cf. 1 Jn 1:8-10). En todos, la cizaña del pecado todavía se encuentra mezclada con la buena semilla del Evangelio hasta el fin de los tiempos (cf. Mt 13:24-30). La Iglesia, pues, congrega a pecadores alcanzados ya por la salvación de Cristo, pero aún en vías de santificación»[45]

En el camino de la santidad

Resulta curioso, y aparentemente erróneo, escuchar a los católicos recitar en el Credo: «Creo en la Iglesia que es *una santa*...» La Iglesia es *santa* porque:

- Dios Santísimo es su autor.
- Cristo se ha entregado por ella, para santificarla y hacerla santificante.
- El Espíritu Santo la vivifica con la caridad.
- En la Iglesia se encuentra la plenitud de los medios de salvación.
- La santidad es la vocación de cada uno de sus miembros y el fin de toda su actividad.
- Cuenta en su seno con la Virgen María e innumerables santos, como modelos e intercesores.

---

[45] CCE 827

Una señal para el mundo

¿Qué harías si Cristo viniera a tu ciudad? Esta pregunta es un reto. ¿Qué harías si te encontraras cara a cara con Él? ¿Y si te invitara, como invitó a Pedro y a los Apóstoles, a seguirlo?

Resulta provechoso hacernos estas preguntas de vez en cuando. Nos pueden hacer comprender que nuestra dedicación a Cristo no es de tanta calidad.

Jesús dijo: «Yo estoy con ustedes todos los días hasta el fin de la historia» (Mt 28:20). Jesús vivió 33 años; predicó y obró milagros. Las personas hablaron con Él y lo tocaron; se le podía ver físicamente. Fue signo de la presencia de Dios para el hombre y realización del deseo de Dios de redimir a la humanidad. Su muerte en la cruz, por la cual obtuvo nuestra salvación, fue un hecho histórico. La gente estaba allí y lo vio. Jesús hizo, por medio de sus palabras y obras, que se realizara la presencia de Dios en el mundo.

¿Pero qué sucede en nuestro tiempo? Jesús terminó su misión en este mundo y volvió al Padre Celestial. Ya no anda por los caminos de Palestina; ya no predica ni hace milagros. A pesar de ello, sigue presente entre nosotros hasta el fin de los tiempos.

Como miembros del cuerpo de Cristo tenemos la responsabilidad de hacerlo visible entre nosotros, pues la Iglesia visible no es la jerarquía eclesiástica. *Nosotros* somos la Iglesia. Y si *nosotros* no hacemos visible a Cristo en el mundo, ¿quién lo hará?

Todos los discípulos de Cristo estamos unidos a Él de tal manera que formamos un cuerpo con Él. Con Jesucristo, *somos* Iglesia. Con nosotros y a través de nosotros, Él continúa redimiendo al mundo.

Así como Jesús hizo presente a Dios en medio de los hombres y mujeres de su época, así ahora la Iglesia que fundó lo hace presente entre los hombres y mujeres de hoy.

En cierto modo, es un sinsentido hacer preguntas como ésta: ¿Qué harías si Cristo viniera a tu ciudad? Cristo ya está ahí, y en todas las ciudades del mundo, a través de la Iglesia en la que perpetúa su presencia y su acción para santificar el mundo.

Para recordar

La Iglesia es «santa aunque abarque en su seno a pecadores; porque ella no goza de otra vida que de la vida de la gracia; sus miembros, ciertamente, si se alimentan de esta vida, se santifican; si se apartan de ella, contraen pecados y manchas del alma, que impiden que la santidad de ella se difunda radiante» (Pablo VI, Solemne profesión de fe, 19).

16 Creo en la Iglesia, que es católica

Hace años, siendo misionero entre los indígenas mayas de Quintana Roo (México), llegué a un pequeño poblado de unas veinte casas, llamado Kankabchén, donde hacía unos veinte años que no llegaba un sacerdote católico. En la sencilla puerta de la iglesia leí estas palabras: «Iglesia Católica, Apostólica y Romana». Ese día celebré Misa allí. Unos días después tuvimos algunos bautizos.

¿Por qué se dice que la Iglesia es «católica»?

La palabra «católico» significa «universal», referido a la totalidad. Por una parte, se refiere a la integridad (totalidad) de la fe, de la celebración del culto por los siete Sacramentos y de la verdadera sucesión apostólica; por otra, expresa que ha sido enviada en su misión a la totalidad del género humano[46]. En este sentido, la Iglesia de rito romano (nuestra Iglesia) es Católica. En este sentido fundamental, la Iglesia es católica desde el día de Pentecostés por voluntad de Cristo. Desgraciadamente, los cristianos hemos rasgado la túnica sin costura de Cristo, siendo infieles a su mandato de unidad, aunque todavía permanecemos espiritualmente unidos mediante la fe y el Bautismo (un solo Señor, una sola fe, y un solo Bautismo).

«Pertenece a la plena comunión con la Iglesia Católica quien se vincula a Jesucristo en unidad con el Papa y los Obispos mediante la confesión de la fe católica y la recepción de los sacramentos»[47].

¿Qué relación existe entre la Iglesia y los no cristianos?

---

[46] Cf. CCE 830 y 831
[47] *YOUCAT* 334

El vínculo que une a la Iglesia con las religiones no cristianas está en el origen y fin comunes de la humanidad[48]. Además, la Iglesia reconoce y aprecia todo lo bueno y verdadero que puede encontrarse en las diversas religiones.

Relación de la Iglesia con el pueblo judío

Los judíos pueden considerarse nuestros «hermanos mayores» en la fe, pues Dios los amó y les habló a ellos en primer lugar. «La fe judía es la raíz de nuestra fe. La Sagrada Escritura de los judíos, que nosotros llamamos Antiguo Testamento, es la primera parte de nuestra Sagrada Escritura. La visión judeocristiana del hombre, cuya ética está marcada por los diez mandamientos, es el fundamento de las democracias occidentales»[49].

En cuanto al misterio de Cristo, nos une a los judíos el hecho de que el Jesús histórico perteneció a este pueblo; nos separa, en cambio, que la Iglesia reconoce en Él al Hijo de Dios vivo. Nos une la esperanza en la venida definitiva del Mesías. A mediados del siglo XX la Iglesia Católica reconoció que no se puede imputar a los judíos como pueblo ninguna culpabilidad colectiva por la muerte de Jesús en la cruz[50].

El *Catecismo joven de la Iglesia Católica* reconoce que «es vergonzoso que los cristianos, a lo largo de muchos siglos, no hayan querido admitir este parentesco tan estrecho con el judaísmo, y que justificaciones pseudoteológicas hayan contribuido a fomentar un odio a los judíos que a menudo ha tenido efectos mortales»[51].

Relación de la Iglesia con los musulmanes

Con los musulmanes nos une el hecho de que profesan la fe de Abrahán, adoran al Dios único y misericordioso que juzgará a los hombres al final del mundo. El Corán considera a Jesús un gran profeta y a María su madre.

---

[48] Cf. CCE 842
[49] *YOUCAT* 135
[50] Cf. Íbid
[51] Íbid

La Iglesia es misionera

La universalidad de la Iglesia también se refleja en su índole misionera: fue enviada por Cristo a anunciar el Evangelio a todos los hombres. A ello nos impulsa el deseo de comunicar a todos los hombres la verdad que hemos recibido de Dios, no como imposición, sino como anuncio gozoso y respetuoso, entendido como servicio a la humanidad, recordando que «Dios quiere que todos se salven y lleguen al conocimiento de la verdad» (1 Tim 2:4).

Para recordar

La Iglesia es «Católica» (universal) porque se extiende por todo el mundo y predica íntegramente la fe.

17 Creo en la Iglesia, que es apostólica

¿Cómo se relaciona la Iglesia actual con la «primera Iglesia», la de los Apóstoles, en una línea sucesoria ininterrumpida después de veinte siglos?

«Apostólica» significa sucesión

La característica de «apostólica»» va ligada a la idea de sucesión apostólica que se realiza en la jerarquía eclesiástica. La sucesión apostólica (el hecho de que la Iglesia Católica tiene sus orígenes en los mismos Apóstoles) viene a ser como mantenernos unidos a la corriente eléctrica para disfrutar de los beneficios de la electricidad. Nuestra Iglesia se ha mantenido unida durante veinte siglos, no así otras iglesias (por ejemplo las iglesias protestantes que incluso han perdido el sacerdocio y la Eucaristía).

Para ver cómo nos hemos mantenido unidos, podemos acudir a la Sagrada Escritura. Cristo instituyó a doce Apóstoles o «enviados», los asoció a su misión y prometió permanecer con ellos hasta el fin de los tiempos. Los Apóstoles, a su vez, para continuar, después de su muerte, la misión a ellos confiada, nombraron a otros varones y dispusieron que, después de su muerte, otros hombres probados los sucedieran en el ministerio[52]. Los doce Apóstoles (Colegio Apostólico cuya cabeza es san Pedro) tienen como sus sucesores a los obispos de todo el mundo (Colegio episcopal cuya cabeza es el Papa).

A modo de resumen podríamos decir que «la Iglesia se llama apostólica porque, fundada sobre los Apóstoles, mantiene su tradición y es guiada por sus sucesores»[53].

---

[52] Cf. CCE 858-860
[53] *YOUCAT* 137

Constitución jerárquica de la Iglesia

La Iglesia o Pueblo de Dios está formado por todos los hombres y mujeres bautizados, entre los que existe igualdad en su dignidad de hijos de Dios. «En la Iglesia, por institución divina, hay *ministros sagrados*, que han recibido el sacramento del Orden y forman la jerarquía de la Iglesia. A los demás fieles se les llama *laicos*»[54].

Los laicos

Laico es todo fiel cristiano que no participa del estado clerical. Su vocación consiste en comprometerse en la sociedad para extender el Reino de Dios.

Todo laico participa de la misión de Cristo sacerdote, profeta y rey, y «se ocupa de que la personas de su entorno (el colegio, la formación, la familia y el trabajo) conozcan el Evangelio y aprendan a amar a Cristo. Mediante su fe influye en la sociedad, la economía y la política. Respecto a la vida eclesial, asumiendo por ejemplo servicios de acólito o lector, se ofrece como responsable de grupos, participa en consejos y comisiones eclesiales (por ejemplo el consejo parroquial o el consejo económico). Los jóvenes deben reflexionar especialmente sobre el lugar que Dios quiere que ocupen»[55] dentro de la Iglesia.

Los ministros sagrados

«Cristo instituyó la jerarquía eclesiástica con la misión de apacentar al Pueblo de Dios en su nombre, y para ello le dio autoridad. La jerarquía está formada por los ministros sagrados: Obispos, presbíteros y diáconos. Gracias al sacramento del Orden, los Obispos y los presbíteros actúan, en el ejercicio de su ministerio, en nombre y en persona de Cristo Cabeza; los diáconos sirven al Pueblo de Dios en la *diaconía* (servicio) de la palabra y de la caridad»[56].

---

[54] *Compendio* 178
[55] *YOUCAT* 139
[56] *Compendio* 179

El Papa

«Obispo de Roma y sucesor de san Pedro, es el perpetuo y visible principio y fundamento de la unidad de la Iglesia. Es el Vicario de Cristo, Cabeza del Colegio de los Obispos y pastor de toda la Iglesia, sobre la que tiene, por institución divina, la potestad plena, suprema, inmediata y universal»[57].

Los Obispos

«Cada uno de los obispos, por su parte, es el principio y fundamento visible de unidad en sus Iglesias particulares (diócesis). Como tales ejercen su gobierno pastoral sobre la porción del Pueblo de Dios que les ha sido confiada, asistidos por los presbíteros y los diáconos»[58].

El mandamiento de servir

No hay duda de que tanto Pedro como los demás apóstoles ocuparon posiciones especiales de autoridad dentro del nuevo Pueblo de Dios. Conviene recordar lo que Cristo nos dijo sobre la manera en que debían hacer uso de esta autoridad.

«Jesús los llamó y les dijo: "Ustedes saben que los gobernantes de las naciones actúan como dictadores y los que ocupan cargos abusan de su autoridad. Hagan como el Hijo del Hombre, que no vino a ser servido, sino a servir y dar su vida como rescate por muchos» (Mt 20:25-28).

Pocas horas antes de ser crucificado, Jesús tomó una toalla y lavó los pies a los Aapóstoles. Sus intenciones son muy claras. El verdadero seguidor de Cristo tiene que ser siempre servidor de los demás.

---

[57] *Compendio* 182
[58] CCE 886

Servidores

Cada miembro del nuevo Pueblo de Dios es llamado a una vida de servicio. Debemos servir a Dios sirviéndonos mutuamente. Pero para que nuestro servicio tenga el sello de Cristo, necesitamos líderes que nos guíen y organicen nuestros esfuerzos. Al igual que los Apóstoles, son también nuestros servidores.

Para recordar

«La Iglesia es *apostólica*:

- Por su *origen*, ya que fue construida «sobre el fundamento de los Apóstoles» (Ef 12:20).
- Por su *enseñanza*, que es la misma de los Apóstoles.
- Por su *estructura*, en cuanto es instruida, santificada y gobernada, hasta la vuelta de Cristo, por los Apóstoles, gracias a sus sucesores, los Obispos, en comunión con el Papa».

(Compendio 174)

18 Los sacramentos. Ver y creer

A las personas les gusta ver las cosas mientras están sucediendo.

Ahora pensemos en esto

Decir a alguien que un hombre aterrizó en la luna no es nada comparado con *verlo*. Decirle que su equipo favorito ha ganado un partido está a mucha distancia de verlo triunfar. Los responsables de enviar personas a la luna y de organizar torneos deportivos gastan mucho dinero para que *podamos verlo*. Saben que muchas personas se interesarán en el evento si pueden ver las cosas mientras están sucediendo.

De igual modo, entendemos mejor una idea abstracta si se puede expresar de forma concreta. Y también preferimos que nos muestren cómo hacer algo en vez de *explicarnos* cómo se hace.

«Hoy, en la ciudad de David, ha nacido para ustedes un Salvador, que es el Mesías y el Señor. Miren cómo lo reconocerán: hallarán a un niño recién nacido, envuelto en pañales y acostado en un pesebre» (Lc 2:11-12).

Lo *reconocerán*... El niño acostado en el pesebre era la *señal* para que los pastores, en aquella primera noche de Navidad, reconocieran al Hijo de Dios. Nosotros también tenemos que reconocerlo hoy.

¿De qué señal habla Lucas? La señal del amor de Dios por la humanidad, una señal del deseo de Dios de llevar a toda la humanidad a una unión íntima con Él; una señal de que Dios se entrega a todo el género humano.

Una señal... Dios no solo nos *habla* de su amor sino que Él mismo nos muestra su amor en Jesucristo. Mediante el Nacimiento, el amor de Dios por la humanidad se hace *visible*. Pero el nacimiento de Jesús no fue una mera señal, también fue real, la realidad de Jesús, el Hijo de Dios, la segunda persona de la Santísima Trinidad. Su nacimiento no solo *simboliza* el deseo de Dios de darse a nosotros, se da realmente al mundo: «¡Así amó Dios al mundo! Le dio al Hijo Unico» (Jn 3:16).

La Encarnación es una señal porque expresa *visiblemente* el deseo de Dios de darse a nosotros. Mediante el nacimiento de Jesús, Dios se nos da realmente.

El abismo entre Dios y el ser humano ha sido abolido. Dios ha entrado en la historia de la humanidad de una manera que todos podemos ver y entender. Eso significa la Navidad.

No se trata solo de un recuerdo de algo que pasó hace mucho tiempo, y que hoy no nos afecta. La fe nos dice otra cosa. Nosotros creemos que el niño que nació en el establo, creció y se hizo hombre, fue crucificado y resucitó. Creemos que Él vive y actúa en nuestro mundo.

Él vive en la «señal» que es su Iglesia. Vive en las «señales» - sacramentos. Mediante estos, actúa en nuestro mundo. A través de los sacramentos podemos encontrar a Cristo, y a través de Él, ser llevados a la unión con Dios. Como dijo el Papa Pío XII: «Es Cristo quien bautiza... es Cristo quien absuelve... es Cristo quien ofrece».

Igual que la venida de Jesús al mundo, los sacramentos también son «señales para nosotros». Nos permiten *ver* que Dios continúa dándose a nosotros; continúa llevándonos hacia una unión cada vez más estrecha con Él. Igual que los pastores en el Evangelio, a través de los sacramentos, podemos encontrarnos con el Cristo vivo.

Hemos visto anteriormente cómo Jesús vive en la «señal» que es la Iglesia. Ahora veremos cómo vive en los sacramentos y cómo, a través de ellos, nos encontramos con Él. Comencemos por el Bautismo.

Para recordar

Todos los sacramentos nos ponen en contacto directo con Dios a través de un signo: agua, unción, vino y pan... En los siete sacramentos existe un vínculo interno y un paralelismo con la vida:

- Hay tres sacramentos de iniciación cristiana: Bautismo (nacimiento), Confirmación (fortalecimiento) y Eucaristía (nutrición-crecimiento).
- Dos sacramentos de curación: Penitencia y Unción de Enfermos.
- Y dos sacramentos que están al servicio de la comunión y misión de los fieles y de la sociedad: Matrimonio y Orden Sacerdotal.

19 El Bautismo

«El santo Bautismo es el fundamento de toda la vida cristiana, el pórtico de la vida en el Espíritu y la puerta que abre el acceso a los otros sacramentos»[59].

Entrada en la Iglesia

Sería algo trágico que el sacramento del Bautismo se convirtiera en una mera formalidad. Este encuentro con Dios es uno de los momentos más grandes de nuestra vida, Es el momento en que Dios nos hace miembros de la Iglesia, nos une a Cristo, nos libera del pecado y nos hace renacer en el Espíritu Santo.

¿Te has fijado en que somos muy conscientes de ser y formar «comunidad»? Tenemos centros comerciales comunitarios donde hay toda clase de facilidades, vida comunitaria en los condominios, centros sociales que proveen entretenimiento y organizan actividades para la juventud y los adultos maduros.

La vida en general se está volviendo muy dispersa, rápida e impersonal, y por eso valoramos más nuestra conciencia de vivir en comunidad. El peligro está en que el individuo puede convertirse en una cifra, una «cosa», una pieza en una línea de montaje.

El desarrollo de varias clases de vida comunitaria constituye un esfuerzo para recuperar nuestro equilibrio como personas, para dar un sentido al hecho de vivir integrados en una sociedad que evoluciona rápidamente. Pero aun así, no hemos tenido mucho éxito, la soledad es todavía un gran problema en la sociedad.

Los cristianos creemos que la comunidad debe ser una parte esencial de la vida, aunque no siempre hemos alcanzado este ideal. Formamos una comunidad en Cristo. Él está en el centro y la comunidad se construye como Pueblo de Dios en torno a este

---

[59] CCE 1213

núcleo. Lo recalcan, por ejemplo, las declaraciones de la Tercera Conferencia Episcopal Latinoamericana en Puebla, México, 1979. «El hombre latinoamericano tiene una tendencia innata de acogida a las personas, de compartir lo que se tiene con otro, de caridad fraterna y desprendimiento particularmente entre los pobres; de sentir con el otro la desgracia en las necesidades»[60]. «Cada bautizado se siente atraído por el Espíritu de Amor quien le impulsa a salir de sí mismo, a abrirse a los hermanos y a vivir en comunidad»[61].

«El santo Bautismo es el fundamento de toda la vida cristina, el pórtico de la vida en el Espíritu y la puerta que abre el acceso a los otros sacramentos»[62].

La nueva vida en Cristo

¿Qué quiere decir bautizarse? Bautismo, literalmente, significa una «zambullida». ¿Una zambullida en qué? En la muerte y resurrección de Cristo.

El primer Viernes Santo, Cristo se entregó a los brazos de la muerte. Había venido a conseguir la victoria sobre el pecado, y tenía que morir y vencer a la muerte con su resurrección. Entonces terminaría el reino del pecado y todas las personas volverían a ser hijos de Dios. Llegó el Domingo, y Cristo resucitó como lo había prometido.

Cristo murió por nuestros pecados y resucitó para justificarnos. Pero para que esto nos aproveche, debemos tener un contacto personal con Él, unirnos a su muerte salvadora y a su resurrección vivificante. Y todo esto lo hacemos mediante el Bautismo. En la época de san Pablo, las personas se bautizaban por inmersión. Al converso se le zambullía en el agua y salía con una nueva vida cuyo símbolo era la túnica blanca. Así ve san Pablo el Bautismo, más como un «sepultarse» que como un lavarse. El pecador es sepultado en las aguas del Bautismo y emerge resucitado a una nueva vida de unión con Cristo e hijo de Dios Padre.

---

[60] Visión pastoral de la realidad latinoamericana 10
[61] Evangelización en la Iglesia de América Latina. Comunión y participación
[62] CCE 1213

Al morir por nosotros, borró nuestra culpa; por el Bautismo morimos, somos sepultados y resucitamos con Cristo. *Bautizar* significa etimológicamente «sumergir», «introducir en el agua»; la «inmersión» en el agua simboliza el acto de sepultar al candidato en la muerte de Cristo, de la cual emerge con nueva vida por la resurrección (cf. Rom 6:3-4; Col 2:12) como «nueva creatura» (2 Cor 5:17)[63].

El poder de la adoración

En los primeros siglos del cristianismo, a un no bautizado no se le permitía asistir a Misa. Esta regla sería un poco complicada hoy en día. Imagínate que un domingo llevas a Misa a un amigo que no está bautizado y fuera detenido en la puerta sin poder entrar, o se le pidiera salir antes del ofertorio. Sin embargo, los cristianos de la Iglesia primitiva tenían una razón muy buena para actuar así. La Misa es una reunión de aquellos que tienen el «poder» de ofrecer la Eucaristía. Es precisamente una reunión de bautizados.

A través del Bautismo nos convertimos en miembros de la Iglesia, y la Iglesia tiene la capacidad de adorar a Dios, de ofrecer el sacrificio y la alabanza de Jesucristo. Los bautizados tienen este poder y por ello los primeros cristianos no dejaban que los no-bautizados asistieran a Misa.

Libres de pecado

En el mundo judío, la enfermedad y el pecado original, o sea, los efectos de la separación original del hombre de Dios, estaban íntimamente relacionados. La enfermedad y el pecado iban juntos. Mateo escribe que Cristo sanaba a los enfermos, y esto señala la presencia del salvador: «Al atardecer le llevaron muchos endemoniados. Él expulsó a los espíritus malos con una sola palabra, y sanó también a todos los enfermos» (Mt 8:16).

Mateo quería expresar una realidad clara e importante. Israel había vuelto a tener contacto con el Dios vivo. Jesucristo, Siervo

---

[63] Cf. CCE 1214

de Dolores, había tomado la responsabilidad y la carga de los pecados del mundo entero. «Así se cumplió lo que había anunciado el profeta Isaías: Él tomó nuestras debilidades y cargó con nuestras enfermedades» (Mt 8:17).

Nuestra fe nos enseña que Jesucristo está presente en los sacramentos de la Iglesia. Las aguas del Bautismo nos recuerdan que Cristo nos ha lavado del pecado y nos ha reconciliado con Dios. Mediante el Bautismo todos nuestros pecados, incluso el pecado original, han sido borrados.

El agua: signo de vida y de muerte

En lugares donde abunda la lluvia, no se aprecia fácilmente el verdadero valor del agua. Es diferente en las regiones áridas del mundo. Allí cada gota se aprecia mucho. En vez de tierra fértil, hay un desierto arenoso; en vez de frescor verde, solo una sequía amarillenta.

Pero incluso en el desierto llueve de vez en cuando. Entonces, durante un tiempo la tierra se cubre de flores que alegran y dan color. A pesar de toda esa sequía, la vida brota de nuevo respondiendo a unas gotas de agua.

Conocemos la importancia del agua para la vida de nuestros jardines y plantas en el hogar. También sabemos que las personas pueden vivir semanas sin comida, pero solo unos pocos días sin agua. Muchos mitos y leyendas antiguas hablan de la creencia del hombre según la cual el agua origina la vida. También los científicos creen que el origen de la vida puede trazarse hasta las aguas del mar. No debe sorprendernos que Nuestro Señor escogiera el agua para representar el comienzo de una nueva vida cristiana.

Sin embargo, el agua también nos recuerda la muerte. Pensemos en la terrible destrucción causada por las inundaciones. Pensemos en lo rápido que una persona puede ahogarse. Qué paradójico, el agua, dadora de vida, es también causante de la muerte. Ahí tenemos otra razón por la que Nuestro Señor escogió el agua para representar el fin del hombre viejo y el comienzo de la nueva vida cristiana.

El Bautismo en la Iglesia

Desde el día de Pentecostés, la Iglesia ha celebrado y administrado el Bautismo ligado a la conversión y a la fe cuyos efectos son múltiples y maravillosos, diría increíbles si no fuera porque están garantizados por Dios. Son los siguientes:

- Nos libera del pecado (original y personal).
- Nos regenera como Hijos de Dios.
- Nos hace miembros y hermanos de Cristo.
- Nos incorpora a la Iglesia.
- Nos hace renacer en el Espíritu Santo, el cual derrama sobre nosotros todo tipo de bendiciones.
- Nos convertimos en morada de Dios y en templos del Espíritu Santo.

Los padres creyentes desean lo mejor para su hijo y desean también el Bautismo. La Iglesia recomienda que los papás hagan bautizar a sus hijos poco después del nacimiento, de modo que no lo priven por mucho tiempo de la gracia inestimable de ser hijo de Dios.

La celebración del Bautismo[64]

Enumeramos los diversos momentos de la celebración del Bautismo, con el significado que nos transmiten.

- *La señal de la cruz* significa la gracia de la redención que Cristo nos ha adquirido por su cruz.
- *El anuncio de la Palabra de Dios* ilumina con la verdad revelada y suscita la respuesta de la fe.
- Los *exorcismos* sobre el candidato (unción con óleo de los catecúmenos o imposición de manos sobre el candidato): indica que, después de renunciar a Satanás, puede profesar la fe de la Iglesia.

---

[64] Cf. CCE 1234-1245

- *El agua en la pila bautismal, que* muestra el poder del Espíritu Santo para renacer «del agua y del Espíritu».
- El *Bautismo* propiamente dicho significa y realiza la muerte al pecado y la entrada en la vida de la Santísima Trinidad a través de la configuración con el misterio pascual de Cristo.
- La *unción con el santo crisma* significa el don del Espíritu Santo.
- *La vestidura blanca* simboliza que el bautizado se ha revestido de Cristo.
- *El cirio encendido* significa la luz de Cristo.
- *El padrenuestro*: siendo el nuevo bautizado Hijo de Dios, lo puede llamar Padre.
- Se cierra la celebración del Bautismo con la *bendición solemne* de la madre.

Para recordar

«Confesamos creyendo un solo Bautismo instituido por Nuestro Señor Jesucristo para el perdón de los pecados. Que el Bautismo hay que conferirlo también a los niños, que todavía no han podido cometer por sí mismos ningún pecado, de modo que, privados de la gracia sobrenatural en el nacimiento, nazcan de nuevo, del agua y del Espíritu Santo, a la vida divina en Cristo Jesús» (Pablo VI, Solemne profesión de fe, 18).

20 La Confirmación

De esta forma (los bautizados)se comprometen mucho más, como auténticos testigos de Cristo, a extender y defender la fe con sus palabras y sus obras»[65].

El día de Pentecostés

El sacramento de la Confirmación surgió de la promesa hecha por Cristo en repetidas ocasiones (cf. Lc 12:12; Jn 3;5-8; 7:37-39; 16:7-15), de la efusión del Espíritu Santo: «Recibirán la fuerza del Espíritu Santo cuando venga sobre ustedes, y serán mis testigos en Jerusalén, en toda Judea, en Samaría y hasta los extremos de la tierra» (Hch 1:8).

La promesa se realizó, en primer lugar, el día de Pascua, y, de manera más manifiesta, en Pentecostés: «Cuando llegó el día de Pentecostés, estaban todos reunidos en el mismo lugar. De repente vino del cielo un ruido, como el de una violenta ráfaga de viento, que llenó toda la casa donde estaban, y aparecieron unas lenguas como de fuego que se repartieron y fueron posándose sobre cada uno de ellos. Todos quedaron llenos del Es píritu Santo y comenzaron a hablar en otras lenguas, según el Espíritu les concedía que se expresaran..» (Hch 2:1-4).

Desde aquel momento, los Apóstoles comunicaron a los nuevos bautizados el don del Espíritu Santo mediante la imposición de las manos; así llegaba a plenitud el don del Bautismo. La Iglesia reconoce en la imposición de manos el origen del sacramento de la Confirmación. Muy pronto, para expresar mejor el don del Espíritu Santo, se añadió a la imposición de las manos una unción con aceite perfumado, llamado «crisma».

---

[65] CCE 1285

El nombre de *Confirmación* sugiere dos realidades espirituales:
- Da en plenitud el don del Espíritu Santo completando la iniciación cristiana del sacramento del Bautismo.
- Robustece, perfecciona y lleva a plenitud los dones del Bautismo.

Fortalecidos en el Espíritu

Tenemos que madurar espiritualmente, la ley del crecimiento es la clave de nuestra vida. El buen cristiano siempre está luchando por mejorar y cambiar, por crecer en su madurez espiritual. Sin embargo, no puede llegar a la madurez por su propio esfuerzo, sino que necesita de Cristo para que lo guíe y fortalezca.

Cristo nos ha enseñado el camino hacia la madurez espiritual. Él nos ha enviado el Espíritu Santo, quien nos da la fuerza para afrentar a nuestras responsabilidades y transmitir el Evangelio a los demás. El Espíritu Santo nos ayuda a crecer, a convertirnos en adultos. Aquí está el significado del sacramento de la Confirmación.

La palabra Confirmación significa «fortalecimiento». El Espíritu Santo, al entrar en el alma, viene e intensifica los dones recibidos en el Bautismo, los lleva a la madurez. Dice el Catecismo de la Iglesia Católica: «A los bautizados el sacramento de la Confirmación los une más íntimamente a la Iglesia y los enriquece con una fortaleza especial del Espíritu Santo. De esta forma se comprometen mucho más, como auténticos testigos de Cristo, a extender y defender la fe con sus palabras y sus obras»[66].

Para renovar la faz de la tierra

¿Cuál es el propósito del fortalecimiento, del crecimiento hacia la madurez? La respuesta se encuentra en nuestra propia experiencia de vida familiar. San Pablo escribió a los corintios: «Cuando era niño, hablaba como niño, pensaba y razonaba como niño. Pero cuando me hice hombre, dejé de lado las cosas de niño» (1 Cor 13:11). Este crecimiento consiste en aprender a dejar atrás nuestra

---

[66] CCE 1285

dependencia de otros y empezar a ser «adultos»; es lo que todos los padres quieren de sus hijos. Esperan, con razón, que tengan mayor responsabilidad en el hogar y participen de una manera más activa en la vida familiar.

La madurez siempre trae consigo la sensibilidad y responsabilidad hacia los que nos rodean. Por eso el sacramento de la Confirmación se puede considerar como un sacramento «de acción social». El fortalecimiento y la madurez que recibimos nos preparan para ser miembros adultos de la familia cristiana. Los dones y el poder que recibimos no son solo para nuestro beneficio. El Espíritu Santo nos los concede para que contribuyamos de una manera activa y creativa a la vida familiar, a la vida de la Iglesia y la vida del mundo.

Cada uno tiene sus propios dones y talentos especiales. De un modo u otro, tenemos oportunidades de colaborar a la Iglesia. El Concilio Vaticano II nos anima a participar lo más posible en la vida de la Iglesia. El problema está en que a veces no tenemos confianza ni en nosotros ni en los demás. Y sucede mucho cuando tenemos que hablar de nuestra fe a alguien.

En estas ocasiones debemos recordar las palabras de Nuestro Señor: «Llegado ese momento, se les comunicará lo que tengan que decir. Pues no serán ustedes los que hablarán, sino el Espíritu de su Padre el que hablará en ustedes» (Mt 10:19-20). Si los sacerdotes y los laicos confiaran más en el poder del Espíritu, la labor apostólica de la Iglesia sería, sin duda, una realidad mucho mayor.

La celebración de la Confirmación

Debemos recordar que, junto con el Bautismo y la Eucaristía, el sacramento de la Confirmación constituye el conjunto de los sacramentos de la iniciación cristiana.

La celebración de la Confirmación consta de las siguientes partes, que tienen su significado específico:

- Renovación de las promesas del Bautismo y profesión de fe: la Confirmación constituye una prolongación y maduración de la fe del Bautismo.

- Imposición de las manos por parte del obispo sobre cada uno de los confirmandos: signo del don del Espíritu Santo.
- Unción del santo crisma en la frente del confirmando, mientras se le impone la mano y se pronuncian estas palabras: «Recibe por esta señal del don del Espíritu Santo».
- Beso y abrazo de paz: manifiesta la unidad con el obispo y la comunidad eclesial.

La fuerza del Espíritu Santo

A partir de la misma celebración, podemos resaltar los efectos del sacramento y de la efusión del Espíritu Santo sobre el confirmado:

- Hace crecer y profundizar el don del Bautismo.
- Introduce más profundamente en la paternidad de Dios.
- Configura más íntimamente a Cristo.
- Aumenta los dones del Espíritu Santo.
- Perfecciona el vínculo con la Iglesia.
- Concede una fuerza especial del Espíritu Santo para difundir y defender la fe mediante la palabra y las obras, siendo verdaderos testigos de Cristo y confesando valientemente su nombre sin avergonzarnos de la Cruz.

Los dones del Espíritu Santo

Hay una tradición antigua de los dones del Espíritu Santo, que se remonta a Isaías 11:1-3. El profeta establece siete dones del Espíritu. En realidad, los dones que concede el Espíritu Santo por medio del Bautismo y la Confirmación son infinitos, pero se pueden resumir en los siete tradicionales:

- Ciencia: la gracia de conocer al Padre y a Jesús, el Salvador, enviado por el Padre.
- Sabiduría: la capacidad de ver todas las cosas como Dios las ve.
- Entendimiento: el don de entender la revelación de Dios.
- Consejo: nos ayuda a discernir lo que debemos hacer en una situación difícil.

- Fortaleza: la capacidad de llevar a cabo lo que sabemos es bueno y correcto.
- Piedad: nos lleva a sentir por Dios el amor que un niño tiene por su padre, y a ver como hermanos a nuestro prójimo.
- Temor de Dios: nos hace dóciles a los impulsos del Espíritu y nos lleva a no separarnos de Dios.

Debemos recordar que la fe es el primer don del Espíritu Santo, y que cada persona puede tener dones especiales que el Espíritu da para bien de la Iglesia. A estos dones extraordinarios se les llama «carismas». Solo con mirar un poco la historia de la Iglesia, vemos cómo el Espíritu ha dado a muchas personas dones en áreas como la predicación y la enseñanza. La vida de muchos santos es un buen ejemplo de cómo Él impulsa al cristiano hacia la santidad.

> Para recordar
>
> «La Confirmación es el sacramento que completa el Bautismo y en el que recibimos el don del Espíritu Santo. Quien opta libremente por una vida como hijo de Dios y bajo el signo de la imposición de las manos y la unción con el Crisma, pide el Espíritu de Dios, recibe la fuerza de ser testigo del amor y del poder de Dios con sus palabras y obras. Es entonces un miembro pleno y responsable de la Iglesia católica» (YOUCAT, 203).

21 La Sagrada Eucaristía

«Todas las veces que la beban háganlo en memoria mía»
(1 Cor 11:25)

El sacramento de la Eucaristía

Durante los últimos dos mil años, muchas naciones han aparecido, prosperado y decaído. A pesar de la agitación histórica, la Misa siempre ha continuado, y continúa, ofreciéndose. En esta sección examinaremos el corazón, el centro de nuestra vida católica: la sagrada Eucaristía.

La palabra Eucaristía significa «acción de gracias» a Dios. Con este sacramento culmina la iniciación cristiana, después de recibir el Bautismo y la Confirmación. Por medio de la Eucaristía, el cristiano junto con toda la comunidad, participa en el sacrificio mismo del Señor[67].

Jesús instituyó la Eucaristía el Jueves Santo, durante la Última Cena que celebró con sus Apóstoles. Tres evangelistas, Mateo, Marcos y Lucas, nos han transmitido el relato de la institución de la Eucaristía. Pablo nos ofrece la narración más antiguo, en la carta a los Corintios: «Yo he recibido del Señor lo que a mi vez les he transmitido. El Señor Jesús, la noche en que fue entregado, tomó pan24 y, después de dar gracias, lo partió diciendo: «Esto es mi cuerpo, que es entregado por ustedes; hagan esto en memoria mía.» 25 De igual manera, tomando la copa, después de haber cenado, dijo: «Esta copa es la Nueva Alianza en mi sangre. Todas las veces que la beban háganlo en memoria mía.» (1 Cor 11:23-25).

En el sacramento de la Eucaristía, tanto en el pan como en el vino consagrado, está presente Cristo entero en cuerpo y sangre, alma y divinidad, de manera verdadera, real, substancial y

---

[67] Cf. CCE 1322

sacramental[68]. Por este motivo, la Iglesia lo llama «Sacramento Admirable» y «Misterio de fe». Con el nombre de «Santísimo» o «Santísimo Sacramento» se designan las especies eucarísticas reservadas en el sagrario o tabernáculo.

El misterio de la fe

Hay cosas fáciles de explicar. Sin embargo, también encontramos realidades en la vida que tienen un significado tan profundo que no se pueden describir usando pocas palabras. La Eucaristía, y la Misa, se encuentran entre ellas. Su significado y valor son inagotables.

En la Santa Cena crecemos en Cristo y edificamos la Iglesia. Cristo se hace presente con su poder redentor. En ese momento ofrecemos nuestras vidas con Cristo a nuestro Padre del cielo. Esta riqueza puede ayudarnos a entender la fidelidad de la Iglesia a la Misa. A lo largo de los siglos siempre ha sido el centro de la vida cristiana. En momentos de persecución, de debilidad en la fe, de crisis en y sobre la Iglesia, la Eucaristía ha sido nuestro baluarte, y en ella se ha descubierto la renovación personal y comunitaria. Es la voz eterna del Evangelio que nos llama a la conversión y a la fe.

La Eucaristía contiene al mismo Cristo «lleno de gracia y bendición». En la época de las grandes catedrales de Europa, se destacaba el aspecto de adoración durante la Misa. El mismo edificio se elevaba como un acto de adoración. Actualmente, apreciamos más el valor de la Eucaristía como celebración comunitaria, banquete, pues constatamos las divisiones que existen entre las personas. Cada época, pueblo y cultura expresa su fe en la Eucaristía, regalo de Cristo a su Iglesia.

Al insistir en un determinado enfoque de la Misa, no debemos perder de vista otros. Vamos a examinar más de cerca algunos aspectos de este misterio de nuestra fe. Pero antes de considerar la celebración de este sacramento, reflexionemos sobre esta consideración del *Catecismo de la Iglesia Católica*: «El primer anuncio de la Eucaristía dividió a los discípulos, igual que el anuncio de

---

[68] Cf. CCE 1374

la pasión los escandalizó: "Es duro este lenguaje, ¿quién puede escucharlo?" (Jn 6:60). La Eucaristía y la cruz son piedras de tropiezo. Es el mismo misterio y no cesa de ser ocasión de división. "¿Quieren marcharse también ustedes?" (Jn 6:67): esta pregunta del Señor resuena a través de las edades, como invitación de su amor a descubrir que solo Él tiene "palabras de vida eterna" (Jn 6:68) y que acoger con la fe el don de su Eucaristía es acogerlo a Él mismo»[69].

> **Para recordar**
>
> ¿Qué es la Eucaristía?
> - Es el sacrificio mismo del Cuerpo y de la Sangre del Señor Jesús.
> - Él mismo lo instituyó en la última Cena para perpetuar su sacrificio en la cruz.
> - Él lo confió a la Iglesia como memorial de su Muerte y Resurrección.
> - Es signo de unidad y vínculo de caridad.
> - Es banquete pascual en que se recibe al mismo Cristo, el alma se llena de gracia y se nos da una prenda de la vida eterna.
>
> (Cf. CCE 1323)

---

[69] CCE 1336

22 El Santo Sacrificio de la Misa

La Eucaristía constituye la fuente y la cumbre de toda la vida de la Iglesia.

«La Palabra de Dios...»

«En ella se encuentra a la vez la cumbre de la acción por la que, en Cristo, Dios santifica al mundo, y la cima del culto que en el Espíritu Santo los hombres dan a Cristo y por Él al Padre»[70].

El nombre actual de Misa designa la liturgia de la Iglesia en la que se consagra y ofrece el Cuerpo y Sangre del Señor. Procede etimológicamente de las palabras latinas «Ite missa est», pronunciadas al despedir a los fieles, cuando termina la celebración, y que la actual liturgia ha traducido como «Pueden ir en paz». «Misa» significa «el envío de los fieles (missio) a fin de que cumplan la voluntad de Dios en su vida»[71]. Con la expresión «Fracción del Pan» «los primeros cristianos designaron sus asambleas eucarísticas [y] con ella se quiere significar que todos los que comen de este único pan, partido, que es Cristo, entran en comunión con Él y forman un *solo cuerpo* en Él»[72].

Cuando Satanás tentó a Nuestro Señor y le propuso convertir las piedras en pan, Cristo contestó, «Dice la Escritura que el hombre no vive solamente de pan, sino de toda palabra que sale de la boca de Dios». En otro momento, Cristo dijo: «En verdad les digo: si no comen la carne del Hijo del Hombre, y no beben su sangre, no viven de verdad». Vivimos por la palabra de Dios y la Eucaristía.

La Misa es un banquete con ambos alimentos. El Concilio Vaticano II dice que los fieles están sentados en «dos mesas» durante

---

[70] *Eucaristicum mysterium*, 6
[71] Cf. CCE 1332
[72] CCE 1329

la Misa: la «mesa de la Palabra de Dios» y la «mesa del Cuerpo de Nuestro Señor»; también el Concilio pidió que los fieles «sean instruidos con la Palabra de Dios [y] se fortalezcan en la mesa del Señor»[73]. Jesús mismo se hace presente en la liturgia a través de su palabra. Tenemos que ser instruidos en la palabra de Dios antes de recibir dignamente el Cuerpo del Señor.

La *Liturgia de la palabra* (lecturas, homilía y oración de los fieles) y la *Liturgia eucarística* (presentación del pan y del vino, acción de gracias consagratoria y comunión) constituyen las dos partes fundamentales de la Misa[74].

En la primera se lee la Palabra de Dios; en la segunda Dios nos da a su Hijo. No podemos despreciar ninguno de los dos regalo de Dios manteniéndonos alejados de una u otra de las mesas. Cristo está presente en ambas y constituyen un solo acto de culto. En señal de esta presencia, el sacerdote besa el libro sagrado después de leer el Evangelio, en acto de adoración. Mientras, nosotros le decimos a Cristo, «Te alabamos, Señor», dándole gracias por habernos hablado.

«Te ofrecemos, en esta acción de gracias, el sacrificio vivo y santo»

«En el corazón de la celebración de la Eucaristía se encuentran el pan y el vino que, por las palabras de Cristo y la invocación del Espíritu Santo, se convierten en el Cuerpo y la Sangre de Cristo»[75]. Pan de trigo y vino de uva son los elementos necesarios para celebrar la Eucaristía. La conversión de la sustancia del pan en la sustancia del Cuerpo de Cristo y de la sustancia del vino en la sustancia de su Sangre recibe el nombre de «transubstanciación».

En la Última Cena, Jesús dio a sus discípulos el mandato solemne de repetir lo que Él había hecho. Desde entonces, la Iglesia ha consagrado y comulgado el pan y ha consagrado y compartido el cáliz de vino, creyendo que el pan consagrado en

---

[73] *Constitución sobre la Sagrada Liturgia Sacrosanctum Concilium* , 48
[74] Cf. CCE 1346
[75] CCE 1333

la Misa es el Cuerpo de Cristo, igual que el pan que Jesús bendijo y partió aquella noche, y que el vino consagrado en la Misa es la Sangre del Señor, igual que el vino que Jesús consagró y dio a sus discípulos aquella noche.

Aquello que Jesús hizo y dijo en la Última Cena fue un *sacrificio* y estaba íntimamente unido con lo que iba a suceder el Viernes Santo. Los acontecimientos de la muerte y resurrección del Señor arrojan abundante luz sobre lo ocurrido durante la Última Cena.

Las palabras que Jesús usó fueron palabras de sacrificio. La liturgia utiliza un lenguaje sacrificial: cuando consagra las especies eucarísticas por separado, cuando parte el pan consagrado, cuando muestra al Cordero de Dios... A la Misa se le llama Santo Sacrificio «porque actualiza el único sacrificio de Cristo Salvador e incluye la ofrenda de la Iglesia»[76].

El pan consagrado mantiene presente ante Dios el sacrificio de Jesús: el sacrificio del Calvario se hace presente de nuevo en el pan y en el vino de la Misa. Cuando la Iglesia celebra la Eucaristía, ofrece un sacrificio que perpetúa incruenta y sacramentalmente el único sacrificio de Cristo. Solamente hay un sacrificio, que vale por sí mismo: el que ofreció Jesús a su Padre y fue consumado en la cruz, en la entrega libre y totalmente por amor.

La tradición más antigua de la Iglesia profesa la unidad entre la Última Cena, la crucifixión del Señor y la celebración de la Eucaristía; por eso san Pablo dijo a los corintios que «cada vez que comen de este pan y beben de esta copa están proclamando la muerte del Señor hasta que venga» (1 Cor 11:26).

La Iglesia ha creído y practicado desde sus comienzos: nada puede reemplazar este sacrificio, nada puede agregársele, por ser completo y perfecto. Y el sacrificio ofrecido en la Misa es el mismo sacrificio de la Cruz. ¿Qué más podría ofrecerse al Dios-Padre?

«Dichosos los llamados a esta cena»

Cristo se nos da bajo la forma de pan y vino, y esto tiene su razón de ser. La Misa es un banquete. La idea de «compartir» un

---

[76] CCE 1330

sacrificio se remonta al Antiguo Testamento y a las religiones paganas. Jesús quiere que compartamos su sacrificio y compartamos la vida que Él nos dio al entregarse en la cruz. «La celebración del sacrificio de Cristo está totalmente orientada hacia la unión íntima de los fieles con Él por medio de la comunión. Comulgar es recibir a Cristo mismo que se ofrece por nosotros»[77].

Una comida corriente entabla cierta relación entre aquellos que participan en ella. Cuando invitamos a comer a alguien, estamos expresando confraternidad. A veces, si algunas personas no pudieron acudir al convivio, les enviamos un detalle de lo que se sirvió en la comida; queremos *compartir* algo con ellos.

La Misa no es una comida como cualquier otra, pero no por eso deja de ser una comida. No solo compartimos el Cuerpo y Sangre de Cristo, su vida, cuando comulgamos; también estamos en comunión con los demás al participar en la comunión eucarística. La renovación litúrgica nos ha hecho más conscientes de que, cuando vamos a Misa, vamos al banquete del Pueblo de Dios.

Como pueblo, nos unimos al rezar y al cantar; nos unimos como miembros de la familia de Dios para entrar en comunión con Él a través de Jesús y en comunión entre nosotros. Los domingos y fiestas de precepto participamos en la Santa Misa como Pueblo de Dios, y es aconsejable también participar otros días, comulgando el cuerpo de Cristo con conciencia limpia.

Cuantos compartimos este pan y este cáliz somos congregados en un solo cuerpo

La mayoría de los católicos vemos en la comunión una maravillosa unión personal con Cristo. Y es cierto. Sin embargo, hay otra dimensión que no ha sido valorada suficientemente: en la comunión los fieles cristianos expresan su sentido de comunidad. Si la comunidad es un grupo de personas que viven una unidad especial, el factor unificador en la Iglesia, comunidad cristiana, es Cristo mismo. Por el Cuerpo de Cristo (Eucaristía) nos convertimos en cuerpo de Cristo (Iglesia). Como dice san Pablo: «La copa

---

[77] CCE 1382

de bendición que bendecimos, ¿no es comunión con la sangre de Cristo? Y el pan que partimos, ¿no es comunión con el cuerpo de Cristo? Así, siendo muchos formamos un solo cuerpo, porque el pan es uno y todos participamos del mismo pan» (1 Cor 10:16-17).

La unión creada por Cristo debe durar aun después de terminada la Misa. Debe convertirse en una vida cristiano más allá de las puertas de la iglesia. Cuando el sacerdote dice las palabras de despedida en la Misa, lo que realmente está diciendo es: «Ustedes, que se han convertido en el cuerpo de Cristo, vivan como su cuerpo».

Aquí encuentra también su sentido el mandamiento del amor fraterno. San Pablo dice: «Y nadie aborrece su cuerpo; al contrario, lo alimenta y lo cuida. Y eso es justamente lo que Cristo hace por la Iglesia, pues nosotros somos parte de su cuerpo» (Ef 5:29-30).

El amor cristiano es una consecuencia de la comunión. Debe notarse por la manera en que pensamos, hablamos y actuamos. Si no fuera así, se nos acusaría, y con razón, de que nuestra fe es solo teoría.

En ocasiones la unión creada por la comunión queda hecha añicos. Da lástima ver a las personas saliendo de la iglesia sin ni siquiera saludarse. Podemos dar muchas razones para justificar esta actuación, pero no olvidemos que Cristo nos une para que podamos mostrar esa unión en nuestra vida diaria.

El amor cristiano se manifiesta en nuestro comportamiento diario. Por ejemplo, nos podemos preguntar cómo nos comportamos en el hogar, en el trabajo y en la vida social. Si mostramos afecto, bondad, interés y caridad por los que nos rodean, podremos decir que tenemos un amor cristiano.

La Eucaristía ha sido siempre el centro de la Iglesia. Donde quiera que miremos, encontraremos su importancia subrayada y enfatizada. Y no es para asombrarse, pues la Eucaristía es el momento en el cual nos encontramos con el Dios vivo y nos unimos íntimamente a Él. Pero también es el momento en el cual los cristianos se unen íntimamente en Cristo. La vida cristiana debe traducirse en hechos.

Para recordar

«Debemos considerar la Eucaristía
- Como acción de gracias y alabanza al Padre.
- Como memorial del sacrificio de Cristo y de su Cuerpo.
- Como presencia de Cristo por el poder de su Palabra y de su *Espíritu*»

(CCE 1358)

23 El sacramento del Perdón

«Cuando me confieso siempre digo las mismas cosas. Esto es ridículo»

«Solía confesarme cada quince días, pero parece que no me era de mucho provecho. Ahora pasan meses sin que me confiese»

«No puedo hacer que los muchachos vayan a confesarse»

La confesión: un nuevo enfoque

¿Qué es para nosotros el sacramento de la Penitencia?

No hace demasiado tiempo, muchos católicos se confesaban frecuentemente, cada quince días o una vez al mes. No es ningún secreto que hoy no sucede así. La confesión ha pasado de moda. Los sacerdotes que antes se pasaban la tarde del sábado atendiendo a muchos penitentes, ahora están una hora en el confesionario, y no acude nadie. A veces ni siquiera acude el sacerdote a cumplir con este ministerio…

Los comentarios que citamos al principio son bastante comunes entre los católicos. Se oyen una y otra vez, y expresan descontento o ignorancia con la práctica del sacramento de la Penitencia.

Tenemos que examinar nuestra propia actitud con respecto a la Confesión y el modo en que hablamos de ella. Hablamos de «ir a confesarnos», enfatizando el acto de acusar los pecados como la única parte del sacramento. A veces, también, decimos «obtener la absolución», lo cual reduce el sacramento a algo mecánico y pasivo. Hablar y pensar así del sacramento de la Penitencia, empaña su verdadera naturaleza.

Dos sacramentos de curación y sanación

«Cristo, médico de alma y cuerpo, instituyó los sacramentos de la Penitencia y de la Unción de los Enfermos, porque la vida nueva que nos fue dada por Él en los sacramentos de la iniciación cristiana puede debilitarse y perderse para siempre a causa del pecado. Por ello, Cristo ha querido que la Iglesia continuara su obra de curación y de salvación mediante estos dos sacramentos»[78].

El sacramento de la Penitencia y la Reconciliación

Recibe también el nombre de sacramento del Perdón, de la Confesión y de la Conversión.

Cristo resucitado instituyó este sacramento la tarde de Pascua, cuando se apareció a sus discípulos y les dijo: «Reciban el Espíritu Santo: a quienes descarguen de sus pecados, serán liberados, y a quienes se los retengan, les serán retenidos» (Jn 20:23). El Señor instituyó este sacramento para la conversión de los bautizados que se hayan alejado de Dios por el pecado.

La llamada a la conversión es una parte esencial del anuncio del Reino de Dios: «Conviértanse y crean en el Evangelio». Sigue resonando en la Iglesia que acoge en su seno a pecadores, y que siendo «santa» necesita de purificación. «Este esfuerzo de conversión no es solo una obra humana. Es el movimiento del "corazón contrito" (Sal 51:19), atraído y movido por la gracia a responder al amor misericordioso de Dios que nos ha amado primero»[79].

Los principales efectos de este sacramento son:

- La reconciliación con Dios.
- La reconciliación con la Iglesia.
- La recuperación del estado de gracia, si se había perdido.
- La remisión de la pena eterna merecida a causa de los pecados mortales y, al menos en parte, de las penas temporales que son consecuencia del pecado.

---

[78] *Compendio* 295
[79] CCE 1428

- La paz y serenidad de la conciencia y el consuelo del espíritu.
- Aumento de fuerza espiritual para el combate cristiano[80].

> **Para recordar**
>
> «Cristo instituyó el sacramento de la penitencia a favor de todos los miembros pecadores de su Iglesia, ante todo para los que, después del Bautismo, hayan caído en el pecado grave y así hayan perdido la gracia bautismal y lesionado la comunión eclesial. El sacramento de la penitencia les ofrece una nueva posibilidad de convertirse y de recuperar la gracia de la justificación» (CCE 1446).

---

[80] *Compendio* 310

24 La celebración del sacramento de la Penitencia

*La palabra reconciliación manifiesta
la acción de Dios en la persona.*

Reconciliación con Dios y con la Iglesia

El pecado es una ofensa a Dios y rompe nuestra comunión con Él y con la Iglesia, al convertirnos en ramas secas por las cuales ya no circula la savia de Cristo. La reconciliación es la reunión de dos personas, o grupos de personas después de hacer desaparecer lo que antes los separaba. Jesús vino a reconciliar a las personas con Dios. Como dice san Pablo: «En Cristo Dios estaba reconciliando el mundo con él» (2 Cor 5:19). La Iglesia nos reconcilia con Dios por los sacramentos.

La palabra reconciliación manifiesta la acción de Dios en la persona. Creemos que somos nosotros los que «vamos a confesarnos», como si la iniciativa fuera completamente nuestra. Sin embargo, es Dios quien llama al arrepentimiento; Él siempre está cercano y dispuesto a quitar la barrera que, con nuestro pecado, hemos levantado entre Él y nosotros. Este sacramento es el encuentro entre un hijo y su padre amoroso, como se relata en la parábola del hijo pródigo.

Reconciliación con la Iglesia: Jesús perdonó los pecados y reintegró en la comunidad del Pueblo de Dios a los pecadores. Ya hemos explicado que somos Iglesia, Cuerpo Místico de Cristo. El pecado no solo ofende a Dios, sino también a nuestro prójimo y a la Iglesia. El sacramento del Perdón también reconcilia con la Iglesia. Por ello, este sacramento debe tener una expresión litúrgica pública.

Elementos esenciales del sacramento de la Penitencia

Los elementos esenciales de este sacramento son dos:

- Los actos del hombre que se convierte bajo la acción del Espíritu Santo: contrición, confesión de los pecados y satisfacción.
- La acción de Dios que concede el perdón de los pecados: absolución *por ministerio de la Iglesia*[81].

Contrición, confesión, satisfacción y absolución. Conocer esto, sin embargo, no garantiza que nuestra confesión sea una experiencia enriquecedora; y nos puede suceder lo contrario. Sin darnos cuenta, podemos caer en la costumbre de tratar al sacramento como a una *cosa,* un rito impersonal que borra automáticamente los pecados. Podemos olvidarnos de que todo sacramento es un encuentro con Cristo y, en este caso, con la misericordia amorosa de Dios. Si olvidamos nuestra parte en este encuentro, nuestra respuesta a su iniciativa, estamos quitando valor al sacramento.

Contrición. Es «un dolor del alma y una detestación del pecado cometido, con la resolución de no volver a pecar»[82]. Debemos estar decididos a enmendarnos y a cambiar nuestra vida. Conviene prepararnos para la recepción de este sacramento mediante el examen de conciencia hecho a la luz de Dios y con la ayuda del Decálogo y de las enseñanzas morales del Evangelio.

Confesión. La contrición y el autoconocimiento nos llevan a ponernos frente al pecado y a asumir nuestra responsabilidad. De este modo, el penitente se abre de nuevo a Dios y a la comunión de la Iglesia con el fin de hacer posible un nuevo futuro. La contrición y el autoconocimiento intensifican en nosotros la necesidad de manifestar el arrepentimiento. Queremos expresar nuestra condición delante de Dios y nuestro deseo sincero de cambiar. La confesión de los pecados, hecha al sacerdote, constituye una parte esencial del sacramento de la Penitencia y requiere que el

---

[81] Cf. CCE 1448

[82] Cf. CCE 1451

penitente debe estar dispuesto a abrir su corazón al ministro de Dios, quien está actuando en la persona de Cristo, y pronuncia el juicio espiritual por razón del poder de atar o desatar simbolizado por las llaves de san Pedro.

Satisfacción o reparación. La conversión lleva a querer reparar cualquier daño causado por nuestros pecados como un deber de justicia. La medida de la reparación depende del daño causado por el pecado.

Al hablar de reparación se usan palabras como *restauración, cura y renovación*. Nos recuerdan que el penitente tiene que olvidar el pasado y esforzarse en lo que está por venir, encontrándose de nuevo envuelto en el misterio de la salvación.

La verdadera penitencia tiene que abrazar toda nuestra vida. Todos tenemos que reparar, y la penitencia que recibimos del ministro es una señal de esta necesidad.

Absolución. El signo sensible del sacramento de la Penitencia termina con la absolución. Es la realización del perdón de Dios por medio del ministro con estas palabras: «Dios, Padre misericordioso, que reconcilió consigo al mundo por la muerte y la resurrección de su Hijo y derramó el Espíritu Santo para la remisión de los pecados, te conceda, por el ministerio de la Iglesia, el perdón y la paz. Y yo te absuelvo de tus pecados en el nombre del Padre y del Hijo y del Espíritu Santo».

El confesor no es dueño, sino servidor del perdón de Dios. «Cuando celebra el sacramento de la Penitencia, ejerce el ministerio del Buen Pastor que busca la oveja perdida, el del Buen Samaritano que cura las heridas, del Padre que espera al Hijo pródigo y lo acoge a su vuelta, del justo Juez que no hace acepción de personas y cuyo juicio es a la vez justo y misericordioso. En una palabra, el sacerdote es el signo del instrumento del amor misericordioso de Dios con el pecador»[83].

---

[83] CCE 1465

25 La Unción de los Enfermos

El dolor, la enfermedad y la muerte son un gran misterio que nos enfrenta a la realidad de la fragilidad, la dependencia y la limitación humana.

Cristo, médico de cuerpos y almas

- Jesús se compadeció ante el sufrimiento de los enfermos y realizó muchas curaciones.
- El poder sanador de Jesús es signo de la venida del Reino de Dios al mundo.
- Jesucristo asumió «nuestras flaquezas y cargó con nuestras debilidades anunciando, por su cruz y resurrección, la victoria sobre el pecado y la muerte.
- Jesucristo envió a sus discípulos a curar toda clase de enfermedades y dolencias.

El sacramento de los enfermos

La Iglesia ha recibido el mandato de sanar a los enfermos e intenta realizarlo mediante los cuidados que les proporciona en abundantes instituciones asistenciales[84] y también mediante la

---

[84] Son interesantes las estadísticas que ofreció el Vaticano, a través de la Agencia Fides, con datos extraídos del «Anuario Estadístico de la Iglesia» publicado en el año 2012 (actualizado al día 31 de diciembre de 2010): «Los institutos de beneficencia y asistencia administrados en el mundo por la Iglesia comprenden: 5.305 hospitales con mayor presencia en América (1.694) y África (1.150); 18.179 dispensarios, la mayor parte en América (5.762), África (5.312) y Asia (3.884); 547 leproserías distribuidas principalmente en Asia º(285) y África (198); 17.223 casas para ancianos, enfermos crónicos y minusválidos la mayor parte en Europa (8.021) y América (5.650); 9.882 orfanatos de los que casi un tercio están en Asia (3.606); 11.379 jardines de infancia; 15.327 consultorios matrimoniales distribuidos en gran parte en América y (6.472); 34.331 centros de educación o reeducación social y 9.391 instituciones de otros tipos, la mayor parte en América (3.564) y Europa (3.159)».

oración de intercesión. A través de la Iglesia, por medio de los sacramentos, Cristo nos toca para acompañarnos en nuestro dolor y sanarnos.

La Unción de los Enfermos es un sacramento destinado a reconfortar a los atribulados por la enfermedad:

- Fue instituido por Cristo, tal vez después de su resurrección.
- Está insinuado en el Evangelio de san Marcos (6:13).
- Fue recomendado y promulgado por el apóstol Santiago.

Sacramento para los enfermos

El apóstol Santiago escribió: «¿Hay alguno enfermo? Que llame a los ancianos de la Iglesia, que oren por él y lo unjan con aceite en el nombre del Señor. La oración hecha con fe salvará al que no puede levantarse y el Señor hará que se levante; y si ha cometido pecados, se le perdonarán» (Sant 5:14-15).

Cuando enfermamos llamamos al doctor. ¿Por qué? Porque esperamos que él nos devuelva la salud. Confiamos en que pueda darnos algo que nos quite el dolor, o por lo menos nos alivie. No nos esperamos a estar graves para llamarlo. ¿Por qué no tratamos al sacerdote de la misma manera? La Unción de los Enfermos nos ayuda a resistir las dificultades que vienen con la enfermedad: angustia, desesperación, ensimismamiento, rebeldía; también la enfermedad puede volver a la persona más fuerte, ayudarla a discernir lo que no es esencial en su vida para volverse a lo que lo es. Ordinariamente la enfermedad empuja a buscar a Dios, a volverse a Él.

Qué fácil sería si le diéramos una oportunidad a Dios. Necesitamos su ayuda para hacer de nuestra enfermedad una especie de apostolado. Esta ayuda nos la da el sacramento de la Unción. Por él se renueva nuestra fe, entramos en una fase de la vida (como enfermos) que nos ofrece la oportunidad de realizar otra forma de servicio a Dios que quizás no hayamos experimentado antes.

Este sacramento se administra en caso de enfermedad grave, situación crítica de salud, o lo que se equipare a ella: ancianidad o intervención quirúrgica de riesgo.

Celebración del sacramento

La celebración del sacramento de la Unción de los Enfermos se compone de estos elementos:

- Imposición de manos, en silencio, sobre el enfermo orando en la fe de la Iglesia.
- Unción de la frente y de las manos del enfermo con el óleo bendecido, mientras se pronuncian las palabras: «Por esta santa unción y por su bondadosa misericordia, te ayude el Señor con la gracia del Espíritu Santo, para que, libre de tus pecados, te conceda la salvación y te conforte en tu enfermedad».

Se puede administrar para uno o varios enfermos.

Se recomienda que se celebre en comunidad, es decir, en familia, en el hospital o en la iglesia.

Si las circunstancias lo permiten, la celebración puede ir precedida por el sacramento de la Penitencia y seguida por la Eucaristía.

Confianza en Nuestro Señor

La frase dicha por la hermana de Lázaro a Jesús, «Señor, aquel a quien amas está enfermo», expresa la confianza que ponemos en Dios. En la enfermedad grave, mediante la Unción, Dios nos consuela, nos da fortaleza y nos une a los sufrimientos de la pasión redentora de Cristo.

Este sacramento «es la última de las sagradas unciones que marcarán toda la vida cristiana:

- La del Bautismo había sellado en nosotros la vida nueva.
- La de la Confirmación nos había fortalecido para el combate de esta vida.
- Esta última unción ofrece, al término de nuestra vida terrena, un escudo para defenderse en los últimos combates y entrar en la Casa del Padre»[85].

---

[85] CCE 1523

26 El sacramento de las Órdenes Sagradas

Todo el Pueblo de Dios, como pueblo santo, ejerce un sacerdocio real en Cristo. «Ustedes son una raza elegida, un reino de sacerdotes, una nación consagrada, un pueblo que Dios hizo suyo para proclamar sus maravillas» (1 Pe 2:9).

Sacerdocio común y sacerdocio ministerial

La Iglesia es «un reino de sacerdotes para su Dios y Padre" (Ap 1:6; 1 Pe 2:5.9). Por ello, toda la comunidad cristiana es sacerdotal, según lo que se conoce como «el sacerdocio común de los fieles», realizado y vivido en el desarrollo de la gracia del Bautismo (vida de fe, esperanza y caridad, vida según el Espíritu).

Jesucristo escogió, sin embargo, a algunos discípulos para llevar a cabo el ministerio público en la Iglesia para el bien de toda la comunidad. Del mismo modo que Él fue enviado por el Padre, así envió a los Apóstoles al mundo, para que, por medio de ellos y sus sucesores, los obispos, pudiera continuar su labor como maestro, sacerdote y pastor. El sacerdocio ministerial está al servicio del desarrollo de la gracia bautismal de todos los cristianos.

El sacerdocio común de los fieles y el sacerdocio ministerial son dos modos esencialmente diferentes de participar en el único sacerdocio de Cristo.

Sacramentos al servicio de la comunidad

El Orden Sacerdotal y el Matrimonio son sacramentos establecidos para el servicio de la comunidad:

- Por el sacramento del Orden, los sacerdotes son consagrados como pastores de la Iglesia.

- Por el sacramento del Matrimonio, los cónyuges cristianos son fortificados y consagrados para vivir los deberes y dignidad del matrimonio cristiano.

El sacramento del Orden

Este sacramento fue instituido por Cristo en la Última Cena, cuando mandó celebrar la Eucaristía como memorial. Existen tres grados en el sacerdocio ministerial: episcopado (obispos), presbiterado (sacerdotes) y diaconado (diáconos). Se entra a formar parte de él mediante una especial consagración (ordenación) conferida por el Obispo. Solo los Obispos pueden conferir los tres grados del sacramento del Orden.

La parte esencial de este sacramento consiste en la imposición de manos que el Obispo lleva a cabo sobre la cabeza del candidato y la posterior oración consagratoria. Solo el varón bautizado puede recibir válidamente este sacramento. El *Catecismo joven de la Iglesia Católica*, cuando habla de la posibilidad de la ordenación de mujeres, dice: «La decisión de que solo los varones puedan recibir el orden sagrado no es ningún desprecio a la mujer. Ante Dios, varón y mujer tienen la misma dignidad, pero diferentes tareas y carismas. Para la Iglesia es vinculante el hecho de que Jesús, al instituir el sacerdocio en la Última Cena, eligiera exclusivamente a *varones*. El papa beato Juan Pablo II declaró en el año 1994 que «la Iglesia no tiene en modo alguno la facultad de conferir la ordenación sacerdotal a las mujeres, y que este dictamen debe ser considerado como definitivo por todos los fieles de la Iglesia»[86].

La gracia del Espíritu Santo propia del sacramento del Orden «es la de ser configurado con Cristo sacerdote, maestro y pastor, de quien el ordenado es constituido ministro»[87].

Un don de Dios en vaso frágil

- El ministro ordenado no está exento de las flaquezas humanas: afán de poder, errores, pecado…

---

[86] YOUCAT 257
[87] CCE 1585

- No todos los actos del ministro son garantizados de la misma manera por la fuerza del Espíritu Santo.
- El posible pecado del ministro no impide que los sacramentos transmitan la gracia.
- Hay actos en los que la condición humana del ministro deja huellas que no son signo de fidelidad al Evangelio de Cristo y dañan la fecundidad apostólica de la Iglesia[88].
- A un sacerdote válidamente ordenado se le puede impedir ejercer el ministerio por causas graves.

La ordenación episcopal

- En la consagración episcopal se confiere la plenitud del sacramento del Orden a un presbítero (sacerdote).
- Es ordenado como sucesor de los Apóstoles y pasa a formar parte del colegio episcopal.
- Junto con el Papa y los demás Obispos es responsable de toda la Iglesia.
- La Iglesia le encomienda particularmente las funciones de enseñar, santificar y gobernar en su diócesis.
- Los símbolos episcopales son el anillo, la mitra y el báculo.

La ordenación presbiteral

- Por la ordenación presbiteral el candidato es configurado con Cristo para anunciar el Evangelio, celebrar el culto divino y ser pastor del Pueblo de Dios. El presbítero (sacerdote) es colaborador del Obispo, de quien depende en el ejercicio del ministerio.

La ordenación diaconal

Por la ordenación diaconal el candidato es configurado con Cristo para realizar un servicio, y no para ejercer el sacerdocio ministerial igual que un presbítero.

---

[88] Cf. CCE 1550

- Asiste al Obispo y a los presbíteros en la celebración del culto: ayuda en la celebración y distribución de la Eucaristía, preside y bendice a los cónyuges en la celebración del Matrimonio, proclama el Evangelio, y predica y preside las exequias cristianas.
- Se entrega, en resumen, al servicio de la caridad cristiana.

> **Para recordar**
>
> «El sacramento del Orden es aquel sacramento mediante el cual, la misión confiada por Cristo a sus Apóstoles, sigue siendo ejercida en la Iglesia hasta el fin de los tiempos… Solo Cristo es el verdadero sacerdote, los demás son ministros suyos» (Santo Tomás de Aquino).

27 El sacramento del Matrimonio cristiano

Dios hizo al hombre y a la mujer «de manera que ya no son dos, sino una sola carne» (Mt 19:6).

El amor conyugal

- *El amor conyugal es humano*: «abarca el bien de toda la persona y, por tanto, es capaz de enriquecer con una dignidad especial las expresiones del cuerpo y del espíritu y ennoblecerlas como elementos y señales específicas de la amistad conyugal»[89].

- *El amor conyugal* es *total*: «lleva a los esposos a un don libre y mutuo de sí mismos, comprobado por sentimientos y actos de ternura, e impregna toda su vida»[90].

- *El amor conyugal es fiel y exclusivo*: «Ratificado por la mutua fidelidad y sobre todo por el sacramento de Cristo, es indisolublemente fiel, en cuerpo y mente, en la prosperidad y en la adversidad, y, por lo tanto, queda excluido de él todo adulterio y divorcio»[91].

- *El amor conyugal es fecundo*: por su misma naturaleza está ordenado a la procreación y a la educación de los hijos. «La fecundidad del amor conyugal se extiende a los frutos de la vida moral, espiritual y sobrenatural que los padres transmiten a sus hijos por medio de la educación. Los padres son los principales y primeros educadores de sus hijos. En este sentido, la tarea fundamental del matrimonio y de la familia es estar al servicio de la vida»[92].

---

[89] *Gaudium et spes* 49
[90] Ibid.
[91] Ibid.
[92] CCE 1653

- *El amor conyugal progresa y madura*: siendo una «alianza» de vida entre un hombre y una mujer, exige que el amor mutuo de los esposos se manifieste, progrese y madure ordenadamente.

El sacramento del Matrimonio cristiano

Este sacramento fortalece y consagra a los creyentes para vivir los deberes y la dignidad del matrimonio cristiano:

- Fue instituido por Cristo, posiblemente después de su resurrección.
- La presencia de Jesús en las bodas de Caná confirma la bondad del matrimonio y anuncia que será un signo eficaz de su presencia.
- Jesús enseñó el sentido original del matrimonio, «lo que Dios ha unido, que el hombre no lo separe» (Mc 10:9), y lo propuso como fruto del Espíritu y de su cruz.
- El modelo del matrimonio cristiano es el amor esponsal entre Cristo y la Iglesia.
- El matrimonio cristiano constituye en camino de santificación en la convivencia matrimonial conyugal y la acogida y educación de los hijos.

Elementos del sacramento del Matrimonio

En el matrimonio cristiano, los esposos son imagen del amor entre Cristo y la Iglesia. Teniendo esto en cuenta, para que se realice el sacramento se necesitan tres elementos:

- Consentimiento matrimonial expresado libremente (sin coacción ni temor) y sin ningún impedimento, por ejemplo, un matrimonio ya contraído o la promesa del celibato.
- Aceptación de una unión exclusiva y para toda la vida. La fidelidad conyugal excluye las relaciones amorosas al margen del matrimonio.

- Apertura a la vida: un matrimonio cristiano está abierto a la transmisión de la vida. Las parejas que no pueden tener hijos están llamadas a ser «fecundas», a transmitir la vida, de otra manera.

Es inválido si en la celebración se excluye cualquiera de estos elementos.

Unidad e indisolubilidad del matrimonio cristiano

Dice el *Catecismo joven de la Iglesia Católica* «La exigencia de la *unidad y de la indisolubilidad* se dirige en primer lugar contra la poligamia, en la que el cristiano ve una clara vulneración del amor y de los derechos humanos; también se dirige contra lo que se podría denominar una "poligamia sucesiva": una sucesión de relaciones amorosas no vinculantes, que no alcanzan un único y gran "sí" que ya no se pueda echar atrás»[93].

Cuando habla del relativismo imperante en la cultura actual, el *Catecismo joven* recuerda que «en esta tierra en la que tantas cosas son *relativas*, los hombres deben creer en Dios, el único absoluto. Por eso todo lo que no es relativo es tan importante: alguien que dice *absolutamente* la verdad o es *absolutamente* fiel. La fidelidad absoluta en el matrimonio no es tanto un testimonio del logro humano como de la fidelidad de Dios, que siempre está presente, aun cuando a todas luces le traicionamos y le olvidamos. Casarse por la Iglesia quiere decir confiar más en la ayuda de Dios que en la propia visión del amor»[94].

«*¿Qué es lo que amenaza a los matrimonios?* Lo que amenaza realmente al matrimonio es el pecado; lo que renueva es el perdón; lo que fortalece es la oración y la confianza en la presencia de Dios. El conflicto entre hombres y mujeres, que en los matrimonios llega en ocasiones al odio recíproco, no es una señal de incompatibilidad de los sexos; tampoco hay una disposición genética a la infidelidad o una limitación psíquica especial ante compromisos para toda la vida. Ciertamente muchos matrimonios están en peligro por

---

[93] *YOUCAT* 262
[94] *YOUCAT* 263

la falta de una cultura del diálogo o la falta de respeto. A ello se añaden problemas económicos y sociales. El papel decisivo lo tiene la realidad del pecado: celos, despotismo, riñas, concupiscencia, infidelidad y otras fuerzas destructoras. Por ello el perdón y la reconciliación forman parte esencial de todo matrimonio, también a través de la confesión»[95].

La celebración del sacramento del Matrimonio

El sacramento del Matrimonio cristiano constituye un acto jurídico de la Iglesia como institución, y requiere por ello los siguientes aspectos:

- Que se realice en lugar autorizado por el Obispo diocesano.
- Que se celebre de modo público, al menos en presencia de dos testigos.
- Que los contrayentes manifiesten claramente el consentimiento. Ellos son los ministros que realizan y configuran este sacramento.
- Que esté presidido por un representante de la Iglesia (sacerdote o diácono, debidamente facultado) en calidad de testigo cualificado de que el matrimonio se celebra adecuadamente y el consentimiento es completo y público.
- Que sea consumado por la unión corporal de los esposos.

¿Un católico puede casarse con un cristiano no católico (matrimonio mixto) o con alguien de otra religión (disparidad de culto)? Sí. Para el matrimonio mixto se requiere la autorización expresa del Obispo; y para el matrimonio con disparidad de culto se necesita una dispensa del impedimento. La vida matrimonial conlleva, por sí sola, muchas dificultades de convivencia; por ello, no se deben menospreciar las posibles dificultades originadas por las diferencias de credo.

---

[95] *YOUCAT* 264

Divorcio, separación, nulidad

Abordamos estos tres temas, aunque sea de manera breve:

- Divorcio: la Iglesia no tiene autoridad para disolver el matrimonio: «Lo que Dios unió, que no lo separe el hombre» (Mt 19:6). Los católicos divorciados vueltos a casar no están excomulgados y siguen perteneciendo a la Iglesia; sin embargo, dada su situación irregular como creyentes, la Iglesia les pide que no reciban la sagrada Comunión y trata de auxiliarlos con especial atención para que, dentro de lo posible, cultiven un estilo de vida cristiano gracias al cual reciban las bendiciones de Dios.
- Separación: la vida matrimonial atraviesa peligros y crisis. El diálogo, la oración y la asistencia especializada pueden ayudar a superar esos momentos. Pero para quien su matrimonio se ha vuelto una carga insoportable, o está expuesto a la violencia física o psíquica, le está permitido separarse. Dios no condena a vivir un sufrimiento superior a nuestras fuerzas. En caso de ruptura de la convivencia, el matrimonio sigue siendo válido.
- Nulidad: hay casos en que el fracaso matrimonial se debe atribuir a la incapacidad de uno o ambos cónyuges para contraer matrimonio, o a la falta de voluntad para contraerlo. En estos casos el matrimonio se presume inválido. Sin embargo, hay que ratificar la nulidad mediante un proceso ante los tribunales eclesiásticos.

Vida consagrada y soltería

No todos están llamados a la vida matrimonial. Algunas personas pueden sentir la llamada a un camino de vida consagrada y célibe «por el Reino de los cielos»; renuncian a la relación sexual, no a la sexualidad ni al amor, y salen al encuentro de Cristo. La vida consagrada manifiesta y es signo del carácter caduco y pasajero de este mundo.

Las personas que viven solteras por distintos motivos también pueden tener una vida plena, llena de sentido cristiano.

Para recordar

El Concilio Vaticano II enseña

- Que el matrimonio cristiano es la «íntima comunidad conyugal de vida y amor fundada por el Creador».
- Que se «establece sobre la alianza de los cónyuges»: alianza de vida y de amor.
- Que la alianza constituye un «consentimiento personal e irrevocable.

(Gaudium et spes 48)

28 Cristo volverá

¡Ven, Señor Jesús! La Biblia termina con estas palabras: «El que da fe de estas palabras dice: "Sí, vengo pronto". Amén. Ven, Señor Jesús» (Ap 22:20).

«Creo en la resurrección de los muertos...»

Siguiendo el pensamiento de Benedicto XVI[96], podemos resaltar lo siguiente sobre la segunda venida de Cristo:

- La oración cristiana por el retorno de Jesús contiene la experiencia de su presencia con nosotros *ahora*: en su Palabra, en los sacramentos, en especial la Eucaristía,, en palabras y acontecimientos históricos.
- También contiene la experiencia de futuro que nos lleva a lo definitivo.

A lo largo de este libro hemos tratado de mostrar que el centro de nuestra fe es Cristo. Todo lo que creemos toma su significado de Él. En este último capítulo, examinaremos más profundamente nuestra convicción de que Cristo es el principio y el fin de todas las cosas.

La fe cristiana, y católica, cree y espera firmemente que, como resucitó Cristo, también nosotros resucitaremos con Él. La resurrección es un elemento esencial de nuestra fe, que desde el principio encontró incomprensión y oposición. Aceptamos fácilmente que, después de la muerte, la vida de la persona humana continúa de manera espiritual (el cuerpo se desintegra, el alma sigue viviendo). Nuestra fe nos habla de algo más: el cuerpo mortal resucitará a la vida eterna[97].

---

[96] Cf. *Jesús de Nazaret, Desde la entrada en Jerusalén hasta la Resurrección*, Ed. Encuentro, 2011, p. 335 y ss.
[97] Cf. CCE 996

- La resurrección consistirá en la re-unión del alma con el cuerpo.
- Será semejante a la resurrección de Cristo: por el poder de Dios y con un cuerpo glorificado (mi cuerpo, verdaderamente humano y con identidad personal propia).
- Sucederá el «último día». Está asociada a la venida de Cristo al final de los tiempos.
- Nuestra fe excluye cualquier tipo de reencarnación o transmigración de las almas de un cuerpo a otro.

«... y la vida del mundo futuro»

Para el no creyente, el fin del mundo representa el momento en que todo, o por lo menos ese pedacito del universo que sirve de escenario para nuestra existencia, terminará. Uno de los temores que nos atormenta es que el hombre mismo puede destruir el mundo.

Para los creyentes, el fin del mundo es «el día de Jesucristo», y todo va dirigido hacia él. Ese día no presenciaremos la destrucción de la humanidad, sino su consumación final y su perfección. Como creyentes deberíamos desear que el mundo, el universo, llegue a la plenitud en el Reino de Dios. La presencia espiritual de Cristo nos acompañará siempre. Aquí radica la esperanza y la alegría cristianas.

Vivimos una psicosis de fin del mundo con fechas fatídicas como el cambio de milenio. Conviene precisar algunos puntos, y a la vez fortalecer nuestra fe:

- Al final de los tiempos el Reino de Dios llegará a su plenitud.
- La transformación misteriosa de la humanidad y el mundo se describe en la Sagrada Escritura como «cielos nuevos y tierra nueva», «universo nuevo», donde Dios «enjugará toda lágrima, y no habrá ya muerte ni llanto, ni gritos ni fatigas, porque el mundo viejo ha pasado».
- Ignoramos el momento del fin del mundo, que pertenece solo a los designios de la sabiduría divina.
- También ignoramos el modo como sucederá.
- La espera nos invita a contribuir en la construcción de un mundo mejor.

«Señor»

Los primeros cristianos expresaban su comprensión del fin del mundo cuando decían que Jesús era el «Señor». Expresaban así su fe en un mundo que estaba verdaderamente redimido e iba a ser consumado, no en destrucción, sino en plenitud.

Esta visión encaja con la visión moderna de la evolución del universo, y nos protege del pesimismo que amenaza a la humanidad cuando constata los defectos y las debilidades humanas.

Con la fuerza de esta fe, san Pablo afirma: «Y si Dios empezó tan buen trabajo en ustedes, estoy seguro de que lo continuará hasta concluirlo el día de Cristo Jesús» (Flp 1:6). Jesús es el Señor, no solo del universo, sino de cada uno de nosotros en particular.

Seremos totalmente íntegros en la medida en que aceptemos su señorío y vivamos bajo sus mandatos. Nuestra esperanza, así como la del mundo, está en la venida de Nuestro Señor Jesucristo.

La muerte del creyente

- Con la muerte el alma se separa del cuerpo; el día de la resurrección se reunirá con su cuerpo.
- Con la muerte física termina la vida terrena. El tiempo de la vida terrena es limitado.
- La muerte es consecuencia del pecado. No entraba en el plan original de Dios sobre el hombre.
- La muerte fue transformada por Cristo. Jesús la aceptó como un acto de sometimiento total y libre a la voluntad de Dios.

Cuando perdemos a un ser querido, nos consuela la fe en que la vida no termina, se transforma; que al deshacerse nuestra morada terrenal, adquirimos una mansión eterna en el cielo[98] y que seguimos espiritualmente unidos con las almas de nuestros difuntos.

Cristo constituye el camino al Padre; por medio del Bautismo fuimos incorporados a la vida en Cristo Jesús. El Bautismo implica místicamente una muerte (morir al pecado) y una resurrección

---

[98] Cf. Prefacio de difuntos

(resucitar a la vida nueva de la gracia). Al morir en la gracia de Cristo, la muerte física nos incorpora totalmente a la redención obrada por Él.

La muerte marca el fin de nuestra peregrinación terrena, del tiempo de gracia y misericordia de Dios, y la Iglesia nos exhorta a preparnos para ese momento. Morir significa ponerse en las manos amorosas y misericordiosas de Dios, regresar al hogar del Padre que nos creó.

La comunión de los santos

Hay personas que son buenas en grado sumo. Las llamamos «santos».

San Pablo llamaba «santos» a personas vivas, a los cristianos que compartían la vida de Cristo. Usamos el mismo nombre también para los santos del cielo, que comparten plenamente la vida de Cristo, incluso después de la muerte, y ya no la perderán jamás.

Los «santos» de este mundo que comparten la vida de Cristo se unen a los santos del cielo mediante una unión, comunión, y participación de bienes espirituales; la Iglesia es «la asamblea de todos los santos»[99] de todos los tiempos. Se trata de participación y comunión en cosas santas o bienes espirituales (la fe, los sacramentos, los carismas, la caridad), de los que todos nos hacemos solidarios; y también es participación y comunión entre las personas santas vivas y difuntas.

La Iglesia nos propone a los santos canonizados como ejemplos e intercesores para que nos ayuden a fortalecer la unión con Dios. El Concilio Vaticano II los llama «amigos y coherederos de Cristo, hermanos y eximios bienhechores nuestros»[100]. La Iglesia también nos exhorta a orar por nuestros difuntos, pues nuestra oración puede ayudarlos a llegar al cielo, y luego ellos intercederán por nosotros.

VEN, CRISTO JESÚS

---

[99] Nicetas, symb. 10
[100] *Lumen gentium*, 50

www.ingramcontent.com/pod-product-compliance
Lightning Source LLC
Chambersburg PA
CBHW071306040426
42444CB00009B/1885